QUE SAIS-JE ?

Histoire du peuple hébreu

ANDRÉ LEMAIRE
Directeur d'études E.P.H.E.

Quatrième édition corrigée

24e mille

ISBN 2 13 044557 8

Dépôt légal — 1re édition : 1981
4e édition corrigée : 1995, octobre

108, boulevard Saint-Germain, 75006 Paris

INTRODUCTION

L'histoire d'un peuple forme un ensemble si complexe et si divers que l'historien ne peut en traduire toute la richesse. Son travail consiste plutôt à en faire ressortir les axes fondamentaux qui le marquent en profondeur. Au-delà de la succession des chefs et des gouvernements, il importe de saisir les institutions politiques, les problèmes économiques, la culture particulière de ce peuple. C'est ce que nous nous efforcerons de faire, dans la mesure où les sources nous le permettent.

Avec ses 22 livres, la Bible hébraïque reste la source fondamentale de l'histoire du peuple hébreu. Pour l'époque ancienne, on tiendra compte aussi des données archéologiques, ainsi que des inscriptions Nord-Ouest sémitiques, akkadiennes et égyptiennes. A partir de l'époque perse, les historiens classiques apportent des témoignages non négligeables ; nous pourrons y joindre, pour la période la plus récente, l'œuvre de l'historien juif Flavius Josèphe (surtout *Antiquités juives* et *Guerre juive*), celle de Philon d'Alexandrie, les *Apocryphes* et *Pseudépigraphes*, ainsi que les textes de Qoumrân, le *Nouveau Testament* et le *Talmud*.

La critique historique de ces diverses sources est souvent difficile, surtout pour les époques anciennes. Il faut tenir compte du genre littéraire et de l'histoire de la rédaction de chaque texte. Le résultat n'est pas toujours certain : plus d'une fois, l'état actuel de notre documentation ne permet d'aboutir qu'à une probabilité plus ou moins grande que nous nous efforcerons de marquer.

L'incertitude de la recherche historique est particulièrement évidente en ce qui concerne la chronologie de certaines périodes. Pour l'époque des origines et celle de la Confédération israélite, tout essai de chronologie reste approximatif et hypothétique. A partir de la royauté, on peut s'appuyer sur les indications de durée de règne et les synchronismes des livres des *Rois*, mais ces données sont parfois incohérentes. Malgré les témoignages des annales assyriennes et des chroniques babyloniennes qui permettent de fixer certaines dates, plusieurs systèmes chronologiques restent possibles, variant de quelques années ; les dates de cette période seront donc le plus souvent précédées de *c.* *(= circa)*.

Chapitre Premier

LES ORIGINES

Les origines du peuple hébreu ne sont pas directement accessibles à l'historien : aucun témoignage extérieur ne nous parle d'Israël avant sa mention dans la stèle de l'an 5 du pharaon Merneptah (*c.* 1207 avant notre ère), et la première rédaction de la geste des origines d'Israël sous la forme de la généalogie des patriarches Abraham, Isaac et Jacob-Israël ne date probablement que de l'époque de la royauté unifiée sous David et Salomon ou d'une époque plus tardive ; seul le cycle de Jacob-Israël pourrait avoir connu une première mise par écrit antérieure à la royauté de David. Cette fixation tardive des traditions patriarcales souligne le rôle important de la tradition orale dans leur formation et leur rattachement au genre littéraire des « légendes » sur les origines, genre commun à chaque peuple et que l'historien ne peut utiliser qu'avec beaucoup de circonspection et de sens critique : étude du contexte historique, transposition de l'histoire du héros éponyme en histoire collective d'un groupe, utilisation de la critique littéraire pour discerner les traditions les plus anciennes et analyse des données topographiques généralement très stables, au moins en cette région.

Des historiens récents de l'ancien Israël ont fait remonter l' « époque patriarcale » au temps du « mouvement amorite » vers le XIXe siècle avant notre ère. Cette interprétation est aujourd'hui très discutée : une datation à l'époque du Bronze récent II B (XIIIe siècle) ou du Fer I (XIIe-XIe siècle) pour les groupes se rattachant à Abraham et Isaac, semble plus vraisemblable.

Sur la Palestine à l'aube de cette période, nous disposons d'un témoignage capital : celui des lettres d'El-Amarna, correspondance rédigée en akkadien entre les divers princes ou seigneurs de Syrie-Palestine et les pharaons Aménophis III, Aménophis IV - Akhénaton, Smenkharé et Toutankhamon vers le milieu du XIVe siècle. A cette époque, la Palestine et le sud de la Syrie sont un protectorat égyptien et les roitelets de cette région se reconnaissent comme les vassaux du pharaon tout en bataillant entre eux, chacun désirant agrandir son royaume. Nous connaissons ainsi les noms des rois de plusieurs cités-Etats de Palestine : Labayu à Sichem, Abdi-Héba à Jérusalem, Milkilu à Gézer. Pour mener à bien leurs luttes intestines, ces roitelets n'hésitaient pas à faire alliance avec les *Ḫabiru.*

Les *Ḫabiru* (*'pr* en ougaritique alphabétique, *'Apirû* en égyptien) apparaissent alors sur tout le pourtour du Croissant fertile comme une population instable et mal contrôlée pouvant s'engager au service du plus offrant, soit comme main-d'œuvre dans de grands travaux civils, soit comme mercenaires dans l'armée. Comme le terme *Ḫabiru*, le terme biblique « hébreu » *('ibrî)*, surtout utilisé dans les récits concernant la période préroyale, est tantôt un ethnique, tantôt un appellatif sociologique. Il est difficile de ne pas rapprocher les deux termes. Les origines du peuple « hébreu » semblent donc se situer dans le cadre plus général du mouvement des *Ḫabiru-'Apirû* de la deuxième moitié du IIe millénaire avant notre ère.

De fait, les traditions bibliques présentent les patriarches comme des « étrangers » *(gérîm)* par rapport à la population locale (cf. *Gn.* 23, 4), comme des semi-nomades en voie de sédentarisation venus avec leurs troupeaux et dressant leurs tentes là où ils trouvent de la pâture pour leur petit bétail. Ces semi-nomades s'installent souvent près des villes dont ils visitent les sanctuaires extérieurs ; ils s'efforcent généralement d'entretenir de bons rapports avec les autorités locales, ce qui n'exclut pas l'emploi occasionnel de la ruse et de la violence. Ces groupes ne se mêlent pas vraiment à la population locale et refusent de se marier avec les « filles des Cananéens » (*Gn* 24, 3). La cellule de base de leur vie sociale et économique est la famille élargie *(bêyt-'âb)* ou le clan *(mishpâḥâh)* qui vit plus ou moins en autarcie. Ces grandes familles patriarcales apparaissent ainsi comme des unités indépendantes qui tiennent à garder leur identité et leurs traditions propres, en particulier le culte du dieu de leurs pères.

Une analyse des traditions bibliques permet de discerner, à l'origine de la confédération israélite, quatre groupes principaux se rattachant aux patriarches Abraham, Isaac, Jacob et Israël. Les deux premiers sont à l'origine de la « maison de Juda », les deux derniers à celle de la « maison d'Israël ».

I. — Abraham

Le groupe hébreu se rattachant au patriarche Abraham semble s'être sédentarisé dans la montagne de Juda, près d'Hébron. Cette localisation ressort clairement du fait que le sanctuaire principal de ce groupe était situé aux « Chênes de Mambré », non loin d'Hébron (*Gn*, 13, 18 ; 14, 13 ; 18, 1), et que c'est à Makpéla, près de Mambré, que se situait le caveau funéraire traditionnel du groupe se rattachant à Abraham (*Gn* 23, 17.19 ; 25, 9). Les rapports de ce groupe avec les Ismaélites du Négeb semblent avoir été assez tendus (*Gn*, 16, 7-15), tandis qu'avec les Moabites et les Ammonites d'au-delà de la mer Morte, présentés comme des descendants de Lot, neveu d'Abraham (*Gn* 19, 36-38), les relations semblent avoir été plus pacifiques, de même qu'avec les notables « hittites » (*Gn* 23, 3) de Qiryat-Arba (= Hébron). En fait, c'est probablement parce que la première unification de la geste patriarcale s'est faite à Hébron, capitale du royaume de David pendant sept ans, un peu avant l'an 1000 (*2 S* 2, 1-4 ; 5, 1-5), que la première place a été donnée au patriarche Abraham représentant les groupes hébreux de la région d'Hébron.

II. — Isaac

Le groupe hébreu se rattachant à Isaac semble s'être installé dans le Négeb autour du puits et du sanctuaire de Béérshéba (*Gn* 26, 26-33), dans le territoire de la tribu de Siméon. Ces clans hébreux étaient en rapports, tantôt tendus, tantôt pacifiques, avec la cité-Etat de Gérar et son roi Abimélek, le principal point de litige étant le contrôle des puits. Lorsque David monta de Ziqlag à Hébron et y devint roi de Juda, il rattacha les Siméonites aux Judéens, ce qui se traduisit par la parenté de leurs ancêtres éponymes, Isaac étant présenté comme le fils unique d'Abraham.

III. — Jacob

Le cycle du patriarche Jacob, probablement d'abord indépendant de celui d'Abraham-Isaac, ne lui a été rattaché que lorsque David est devenu roi d'Israël et de Juda (*2 S* 5). Il est constitué de légendes se rattachant primitivement aux groupes formant la Confédération, puis le royaume israélite du Nord. Les traditions les plus anciennes du cycle de Jacob situent l'origine du groupe se rattachant à ce patriarche en Haute Mésopotamie (Aram-Naharayim), plus précisément dans la haute vallée du Balih, autour des villes de Harrân, Seroug, Nahor et Térah. Les Benê-Jacob, d'origine araméenne, ont vraisemblablement quitté la région de Harrân lors de l'écroulement du Mitanni lié à l'invasion assyrienne du Hanigalbat sous Adadnirari Ier ou Salmanazar Ier vers 1275. Ce groupe a probablement pénétré en Canaan en traversant le Jourdain entre la vallée du Yabboq et celle du Wadi Far'ah ; il s'est sédentarisé dans la région située au nord et nord-est de Sichem. C'est un sanctuaire situé en face de Sichem que fréquentent les Benê-Jacob, et c'est là qu'ils plantent leurs tentes et achètent un terrain aux « Benê-Hamor », notables de Sichem (*Gn* 33, 19). Les relations avec les Sichémites semblent avoir été parfois tendues et violentes (*Gn* 34), les Benê-Jacob se refusant à toute assimilation et rejetant tout mariage de leurs filles avec les Sichémites.

IV. — Israël-Joseph

La figure du patriarche Jacob a été identifiée à celle d'Israël (*Gn* 32, 29) à la suite de l'alliance des Benê-Israël avec les Benê-Jacob *(infra)*. Primitivement le groupe des Benê-Israël était distinct de celui des Benê-Jacob. D'après les données de topographie historique, le nom « Israël » vient probablement d'un clan, appelé aussi « Asriel », installé dans la montagne d'Ephraïm, non loin du sanctuaire de Silo, clan et sanctuaire rattachés au groupe qui a vécu l'expérience de l'Exode sous la direction de Moïse puis de Josué. De fait, la montagne d'Ephraïm a été un moment organisée de façon autonome en « maison de Joseph » (*Jg* 1, 22 ss.) et c'est Joseph qui est présenté comme l'ancêtre éponyme de ce groupe qui a joué un rôle central dans la formation de la Confédération israélite.

Le groupe hébreu des Benê-Joseph/Benê-Israël séjourna un certain temps en Egypte, au pays de Goshen, à la limite orientale du delta du Nil. Il y était employé, en particulier, aux travaux de construction des villes-entrepôts égyptiennes de Pitôm et de Ramsès (*Ex* 1, 11). Sous la direction de Moïse, un « Hébreu » ayant probablement reçu une culture égyptienne, ce groupe réussit à quitter l'Egypte, vraisemblablement sous le règne du pharaon Ramsès II, vers 1270-1250 avant notre ère. Il semble être resté un certain temps dans les environs de Qadesh-Barnéa, à la limite du Négeb et du Sinaï (*Nb*, 13, 26 ; 20, 1 ss.), ce qui permit à Moïse de faire accepter à ce groupe les fondements du particularisme religieux yahviste : YHWH sera leur unique divinité et ils ne s'en feront pas de représentation sculptée.

Contournant peut-être le pays de Moab, ce groupe aurait battu Siḥon, le roi de Ḥeshbon, à Yahaz (*Nb* 21, 23), et occupé son territoire au nord de l'Arnon en Transjordanie. Moïse mourut dans « le pays de Moab » près du mont Nébô (*Dt* 32, 39 s ; 34, 1-8), dans un territoire rattaché ensuite aux tribus de Ruben et de Gad, et Josué lui succéda (*Dt* 34, 1-9).

Sous la direction de Josué, les Benê-Israël franchirent le Jourdain près de Gilgal, non loin de Jéricho (*Jos* 3, 17 ; 4, 20 ss.), puis pénétrèrent en Cisjordanie, occupant Jéricho (*Jos* 6) et Béthel (*Jg* 1,

Sidon
Damas
Sarepta
ARAM
Iyôn
MER
Tyr
Dan
Abel
Beth-Maakah
Panéion
(Césarée de Philippe)
MÉDITERRANÉE
PHÉNICIE
Qadesh
NEPHTALÍ
Hazor
Akko
(Ptolémaïs)
Gischala
Kaboul
GOLÂN
Shiqmonah
Apheq
Gamala
GALILÉE
Mt Carmel
ZABULON
Tibériade
Sepphoris
Yarmuk
Nazareth
Mt Thabor
Gadara
Dor
ISSAKAR
BASHÂN
Mégiddo
Yizréél
Ramot de Galaad
Césarée
Taanak
Beth-Shéan
(Scythopolis)
GALAAD
Pella
Yibléam
SHARON
Yabesh de Galaad
Jourdain
Samarie
Tirzah
Amathonte
Gérasa
MANASSÉ
Ragaba
Sichem
Pénuel
Yabboq
ABIÉZER
Mt Garizim
Apheq
(Antipatris)
Soukkôt
Mahanayim
Alexandréion
Jaffa
EPHRAÏM
Silo
Adam
Ramathayim
Thamna
Phasaélis
Adida
Béérzeth
AMMON
Lydda
Modin
Gophna
Archelaïs
Beth-Horon
Béthel
Dôk
Rabbat-Ammon
Jamnia
Ayyalôn
Mizpa
Jéricho
(Philadelphie)
Gézer
Gibéa
GAD
Eqrôn
Emmaüs
Gabaôn
Qoumrân
Ashdod
Beth-
Shémesh
Zoréa
Jérusalem
Heshbon
Mt Nébô
Ascalon
Gat
Bethléem
Hyrcania
Madaba
Azéqah
Sôkoh
Hérodium
PHILISTIE
JUDA
Téqoa
Marésha
Bethsour
Machéronte
Anthédon
Lakish
SHEPHELAH
Hébron
Gaza
Adora
Zif
Ein-Gedi
M. MORTE
Aroër
Carmel
Arnon
Ziqlag
Debir
Maôn
Massada
Raphia
NÉGEB
Béér-Shéba
Arad
Rabbat-Moab
Ramat-Négeb
Tell el-Milh
MOAB
EDOM
0
30 km

22-26). A leur approche, les notables de la tétrapole gabaonite, comprenant les quatre villes de Gabaôn, Kephira, Béérôt et Qiryat-Yearîm, proposèrent aux Israélites de faire alliance avec eux, ce que Josué accepta en leur accordant, semble-t-il, un statut de vassaux (*Jos* 9).

Cette alliance des Gabaonites avec les Hébreux israélites menaçait directement la ville de Jérusalem dont la voie d'accès par la montée de Beth-Horon était entre les mains des alliés. Le roi de Jérusalem (Adonisédeq ?) réagit en provoquant une coalition de rois cananéens de la Shephélah qui, avec l'appui de l'Egypte, tentèrent de réouvrir la route vers Jérusalem lors d'une bataille autour de la montée de Beth-Horon (*Jos* 10). C'est probablement vers cette époque et peut-être à la suite de cette bataille (*c.* 1210) que se situent la mention d'Israël dans la stèle de Merneptah et la représentation d'un affrontement égypto-israélite sur un bas-relief de Merneptah à Karnak, mention et représentation associées à la prise de Gézer, environ 15 km à l'ouest de Beth-Horon. Quoi qu'il en soit des détails de cet affrontement égypto-cananéo-israélite, les clans israélites se tournèrent vers le nord et occupèrent la montagne d'Ephraïm, c'est-à-dire la zone de montagnes et de collines situées entre Jérusalem et Sichem.

Chapitre II

LA CONFÉDÉRATION ISRAÉLITE

Au cours de leur expansion vers le nord, les Benê-Israël se heurtèrent au groupe des Benê-Jacob installé au nord et au nord-est de Sichem. Cette rencontre entre les deux groupes aboutit à une alliance : l'« alliance de Sichem » dont on rencontre de nombreux échos dans la Bible, en particulier dans le récit de *Jos* 24. A la différence de l'accord avec les Gabaonites, l'alliance de Sichem semble avoir été un pacte entre deux groupes de clans ou tribus plus ou moins sur un pied d'égalité, chaque clan gardant son territoire *(naḥalâh)* et son autonomie. Cette alliance aboutit, en fait, à une Confédération sous le *leadership* des Benê-Israël : Josué fit reconnaître YHWH comme l'unique divinité de cette Confédération, écartant la divinité « étrangère », peut-être *Paḥad*, le « dieu des pères » des Benê-Jacob (*Jos*, 24, 23 ; *Gn* 35, 2).

Cette unification religieuse, base de la Confédération, fut accompagnée d'un petit nombre de règles fondamentales. Celles-ci concernaient aussi bien le culte commun que la vie sociale et furent probablement promulguées par Josué (*Jos*, 24, 25) dans une forme primitive du Décalogue que l'on peut approximativement restituer ainsi :

> « Moi, je suis YHWH ton Dieu,
> Tu ne te prosterneras pas devant un dieu étranger,
> Tu ne me feras pas de représentation sculptée,
> Tu ne prononceras pas mon nom en vain,
> Tu ne profaneras pas mes sabbats,
> Tu ne maudiras pas ton père ni ta mère,
> Tu ne commettras pas de meurtre contre ton prochain,
> Tu ne commettras pas d'adultère avec la femme de ton [prochain,
> Tu ne commettras pas de rapt contre quelqu'un parmi [ton prochain,
> Tu ne commettras pas de faux témoignage contre ton [prochain,
> Tu ne chercheras pas à t'emparer de la maison de ton [prochain. »

Ces dix règles fondamentales formaient, en quelque sorte, la constitution de la Confédération israélite dont les membres sont désignés par le terme « ton prochain ». L'unité était avant tout une unité religieuse : la reconnaissance de YHWH comme divinité unique et le respect de ses fêtes (sabbats). Il n'est fait aucune allusion à une quelconque structure ou institution confédérale. Cette absence de structure centrale facilita l'intégration de nouveaux groupes à la Confédération : il suffisait que, à chaque niveau de la société (famille, clan, tribu), les autorités traditionnelles (« Anciens ») veillent au respect des règles de la vie sociale énoncées dans le Décalogue.

A la suite de la sédentarisation, chaque famille vivait habituellement dans sa « maison à quatre pièces » autour d'une cour avec ses silos, bâtiment caractéristique de cette époque que l'archéologie récente a mis en valeur. Le clan, plus ou moins identifié au village et regroupant plusieurs familles, vivait pratiquement en autarcie aussi bien économique que sociale (on se marie à l'intérieur du clan). Des rassemblements plus nombreux, développant le sentiment d'appartenance à la Confédération, pouvaient avoir lieu lors des fêtes de pèlerinage dans les principaux sanctuaires, en particulier à Silo. Mais ce n'est que très occasionnellement, face à un danger extérieur ou intérieur, que plusieurs groupes, clans ou tribus, pouvaient s'organiser sous la direction d'un chef unique chargé de conduire les hommes en armes. Le livre des *Juges* présente plusieurs de ces chefs appelés « juges » *(shôphetîm)* ayant joué un rôle important à la tête d'une tribu ou d'un groupe de tribus face à un danger extérieur.

I. — Les tribus du Nord

Parallèlement à l'entrée des Benê-Israël en Cisjordanie et à leur victoire sur les Cananéo-Egyptiens à la montée de Beth-Horon, deux groupes hébreux de Galilée, Nephtali et Zabulon, surprirent le camp de l'armée de Yabin, roi cananéen de Hazor, aux eaux de Mérom (*Jos* 11). Après avoir coupé les jarrets des chevaux et brûlé les chars, ils pénétrèrent dans Hazor et brûlèrent la ville. La datation archéologique de la destruction de Hazor permettrait de situer cette bataille des eaux de Mérom dans la deuxième moitié du XIIIe siècle. Sans attribuer cette destruction à Josué (malgré *Jos* 11), l'entrée des Benê-Israël en Palestine créa probablement un choc psychosociologue suffisant pour que les tribus de Zabulon et de Nephtali osent attaquer une armée cananéenne (*Jg* 5, 18).

Quelque temps après, probablement dans le courant du XIIe siècle, ces deux tribus furent menacées par l'arrivée de Siséra de Haroshet ha-Goyîm, vraisemblablement un des chefs des « peuples de la mer ». Devant cette menace, Baraq de Qédesh de Nephtali, représentant les Hébreux de Galilée, s'allia avec la « prophétesse » Débora de la montagne d'Ephraïm (*Jg* 4, 2-10), représentant la Confédération israélite. Les alliés battirent Siséra près du torrent de Qishôn (ou « eaux de Mégiddo », *Jg* 5, 19-21). Cette victoire importante fut célébrée en Israël par le fameux « chant de Débora » (*Jg* 5) qui montre la participation des tribus d'Ephraïm, Benjamin, Makîr, Zabulon, Nephtali, Issakar, tandis que les clans plus périphériques de Ruben, Galaad, Dan et Asher semblent être restés à l'écart de cette bataille qui témoigne clairement du rattachement des groupes hébreux de Galilée à la Confédération israélite.

Le chant de Débora suppose que la tribu de Dan est déjà installée dans la haute vallée du Jourdain autour de l'ancienne ville de Laïsh (ou Leshem). Or cette tribu semble avoir été primitivement sédentarisée dans le nord de la Shephélah. C'est probablement sous la pression des Philistins, dans la première moitié du XIIe siècle, qu'un certain nombre de clans de Dan quittèrent Zoréa et Eshtaol pour aller s'installer plus au nord, dans une région moins menacée (*Jos* 19, 40-48 ; *Jg* 18).

II. — La Cisjordanie centrale

Le cœur de la Confédération israélite était situé dans la montagne d'Ephraïm autour des sanctuaires de Sichem, Silo et Béthel. Les clans de cette région se regroupèrent peu à peu en trois unités autonomes : Ephraïm proprement dit au centre, Manassé au nord et Benjamin au sud.

Manassé n'est pas mentionné dans le chant de Débora, ce qui signifie probablement que les futurs clans de Manassé n'étaient pas encore organisés en unité autonome à cette époque. L'organisation de la tribu de Manassé autour du clan d'Abiézer semble l'œuvre de Gédéon d'Ophrah qui prit la tête de la lutte contre les Madianites (*Jg* 6, 33-35). La guerre se déroula en deux campagnes : tout d'abord rejet des Madianites hors de Cisjordanie à la bataille de Ein-Harod (*Jg* 7, 1-22) et exécution de leurs chefs Oreb et Zeéb par les Ephraïmites bloquant les gués du Jourdain (*Jg* 7, 22-8, 3), puis, à la suite d'un autre raid madianite près du mont Thabor, poursuite jusqu'en Transjordanie et exécution des deux chefs Zébaḥ et Salmunna (*Jg* 8, 10-21). Au cours de cette dernière campagne, Gédéon réduisit les opposants de Pénuel et Soukkôt dans la moyenne vallée du Jourdain, c'est dire qu'il rattacha probablement le territoire de Makîr à la tribu de Manassé. Ce double succès militaire explique qu'un fort courant se soit dessiné en faveur de Gédéon pour le proclamer roi, mais ce dernier se refusa à fonder une dynastie (*Jg* 8, 22).

Les traditions bibliques rapportent deux épisodes importants de l'histoire des clans israélites « benjaminites » situés au sud de la montagne d'Ephraïm (*ben-yâmin* = « sudiste ») : la guerre éphraïmito-benjaminite et le meurtre du roi de Moab par le Benjaminite Ehud. L'histoire biblique de la guerre éphraïmito-benjaminite (*Jg* 19-21) a été remaniée plusieurs fois, et il est difficile de cerner les événements historiques à l'origine du récit actuel. Il semble que, à la suite d'un crime commis à Gibéa, un certain nombre de clans du Sud se soient solidarisés avec les coupables au lieu de les livrer. Par ce refus, ces clans affirmaient leur autonomie par rapport aux autres clans israélites de la montagne d'Ephraïm. Après une guerre civile assez longue, les clans sudistes furent vaincus, mais les Ephraïmites reconnurent l'autonomie des « Benjaminites » ; ces derniers, mis un moment au ban de la Confédération israélite, furent admis à participer, à nouveau, à la fête annuelle de Silo (*Jg* 21, 19-24).

L'histoire d'Ehud contre les Moabites se situerait assez bien vers la même époque que celle de Jephté *(infra)*. Avec l'aide des Ammonites, les Moabites occupaient le territoire situé au nord de l'Arnon et la basse vallée du Jourdain, imposant un tribut aux clans benjaminites. Un des chefs benjaminites, Ehud fils de Géra, profita du moment où il apportait le tribut pour assassiner le roi de Moab, Eglôn. Cet assassinat donna le signal de la révolte des clans benjaminites qui repoussèrent les Moabites de l'autre côté du Jourdain (*Jg* 3, 12-30).

III. — Les tribus de Transjordanie

Le chant de Débora (*Jg* 5, 15.16) laisse entendre que la tribu de Ruben ne participa point à la bataille contre Siséra. Ruben n'est plus mentionné ensuite dans les livres historiques. Cette absence de la tribu de Ruben, à laquelle semble faire allusion *Dt* 33, 6, pourrait être due à l'expansion moabite au nord de l'Arnon dont témoigne l'histoire d'Ehud. Le territoire rubénite sera reconquis à l'époque de David et rattaché, en partie, à la tribu de Gad en pleine expansion, occupant le territoire transjordanien au nord de l'Arnon.

Le groupe de Makîr semble avoir joué un rôle important lors de la bataille de la Confédération israélite contre Siséra (*Jg* 5, 14). Sa localisation précise est discutée ; il faut probablement le situer entre Gad et Galaad, autour de Maḥanayim, Pénuel et Soukkôt dans la moyenne vallée du Jourdain, au nord du confluent du Yabboq. Primitivement autonome, Makîr fut probablement rattaché à la tribu de Manassé à la suite de la deuxième campagne de Gédéon *(supra)*.

Les clans israélites colonisateurs de la montagne de Galaad au nord du Yabboq (*Jos* 17, 14-18) ne semblent avoir participé ni à la bataille contre Sisera (*Jg* 5, 17) ni à la guerre éphraïmito-benjaminite, ce qui leur valut des représailles et fut à l'origine des liens particuliers entre Yabesh de Galaad et les Benjaminites (*Jg* 21, 8-14 ; cf. *1 S* 11, 1-11). Cette indépendance de Galaad par rapport aux Ephraïmites se retrouve dans l'histoire de Jephté. Ce dernier était un chef de bande auquel les chefs traditionnels de Galaad, les « Anciens », proposèrent d'être leur chef pour conduire la guerre contre les Ammonites menaçant leur pays. La victoire de Jephté et des Galaadites provoqua la jalousie des Ephraïmites, mais la tentative de représailles de la part de ces derniers échoua lamentablement (*Jg* 12, 1-7). Le pays de Galaad garda son autonomie et ne fut probablement rattaché à la tribu de Manassé (cf. *Jos* 13, 29-31) qu'après la victoire de Gédéon sur les Madianites *(supra)*.

IV. — Les tribus du Sud

Quelques clans danites étaient restés autour de Zoréa et d'Eshtaol, vivant en symbiose, souvent conflictuelle, avec les Philistins. Cette situation se reflète dans la légende de Samson représentant probablement une tradition locale de la région de Beth-Shémesh (*Jg* 13-16). La population assez mêlée de cette zone frontière resta vraisemblablement dans la mouvance philistine jusqu'à l'époque de David qui la rattacha à la « maison de Juda ».

Juda lui-même n'est pas mentionné dans le chant de Débora ; la population de cette région ne semble avoir participé à aucune des entreprises militaires des tribus israélites à l'époque des Juges. Séparés géographiquement de ces dernières par la cité-Etat de Jérusalem, les clans de cette région n'étaient probablement pas rattachés à la Confédération israélite. Cependant, certains clans hébreux venus du Sud importèrent avec eux le culte de YHWH et préparèrent ainsi le rapprochement ultérieur entre la « maison de Juda » et la « maison d'Israël ».

L'exemple le plus clair est celui des Qénizzites. C'est Caleb le Qénizzite qui conquit Hébron sur les Benê-Anaq (*Jos* 14, 13 ; 15, 13) et c'est « Othniél, fils de Qénaz, frère de Caleb », qui s'empara de Qiryat-Sépher (*Jos* 15, 15-19). L'installation des clans calébites dans la région d'Hébron est confirmée par la mention d'un « Négeb de Caleb » (*1 S* 30, 14) et d'un « Nabal le Calébite » dans la région de Carmel et de Maôn (*1 S* 25, 1-3). Othniél apparaît aussi en *Jg* 3, 7-11 comme « sauveur » contre « Koushan-Risheatayim roi d'Aram », mais il faut peut-être corriger ici « Aram » en « Edom », les Qénizzites étant en relation avec les Edomites, les Témanites et les Amalécites (*Gn* 36, 11.15.42).

Des clans Qénites montèrent de la ville des Palmiers (probablement Tamar, au sud de la mer Morte). Ils occupèrent le « Négeb du Qénite » au sud-est d'Hébron, autour d'Arad (*1 S* 27, 10). Ces Qénites sont présentés comme apparentés à Moïse (*Jg* 4, 11 ; cf. *Jg* 1, 16). Cette tradition signifie que les Israélites avaient le sentiment d'une certaine communauté, probablement religieuse, avec les Qénites (*Jg* 4, 11-22 ; 5, 24 ; cf. *1 S* 15, 6).

Les Yéraḥméélites occupèrent le « Négeb du Yéraḥméélite » (*1 S* 27, 10) situé au sud du Négeb du Qénite, probablement autour de Tell el-Milḥ à l'extrémité orientale du Wadi Béérshéba.

Chapitre III

LA ROYAUTÉ UNIFIÉE (*c.* 1030?-931)

En cas de danger extérieur, le lien très lâche unissant les clans et les tribus de la Confédération israélite devenait insuffisant : un chef militaire était alors choisi, essentiellement pour conduire la guerre. Une fois le danger écarté, ce chef ne conservait qu'une fonction honorifique (cf. *Jg* 8, 22-27). Ce schéma de l'histoire de l'époque des Juges se trouve bouleversé lorsque la persistance d'un danger extérieur va entraîner la permanence de la nécessité d'un chef militaire. C'est ainsi qu'Israël est passé de l'institution occasionnelle de « juges » et de « sauveurs » à l'instauration durable de la royauté.

I. — L'instauration de la royauté : Saül

Depuis les débuts de la Confédération israélite, les diverses tribus n'avaient été confrontées qu'à des ennemis relativement à leur mesure : Madianites, Ammonites, Moabites ou cités cananéennes que l'on pouvait prendre par surprise. La situation devint différente lorsqu'elle fut confrontée à l'expansionnisme philistin.

Les Philistins sont connus par les inscriptions égyptiennes comme l'un des « Peuples de la Mer » qui, avec les Tjekker, les Shekelesh, les Denyen et les Weshesh, essayèrent d'envahir l'Egypte. Leur avance fut arrêtée aux portes de l'Egypte en une double bataille, maritime et terrestre, en l'an 8 du pharaon Ramsès III (*c.* 1175). Arrêtés mais non détruits, ces peuples s'installèrent sur le pourtour de la Méditerranée. C'est ainsi que les Philistins s'installèrent sur la côte entre Gaza et Jaffa, les Tjekker un peu plus au nord, autour de la ville de Dor, et, peut-être, les Kérétiens (Crétois ?) au sud des Philistins dans le Négeb du Kérétien (*1 S* 30, 14). Cette installation se fit probablement avec l'accord des Egyptiens qui les considéraient plus ou moins comme des vassaux.

Originaires de Caphtor (peut-être la Crète ? *Am* 9, 7 ; *Jr* 47, 4), les Philistins étaient organisés en une Fédération de cinq villes : Gaza, Ascalon, Ashdod, Eqrôn et Gat, ayant à leur tête cinq chefs appelés *sérèn*, peut-être à rapprocher du grec *tyrannos*, « chef » (*Jos* 13, 3 ss.). Bien organisés, ces Philistins étaient d'autant plus redoutables qu'ils étaient bien armés, ayant acquis, en particulier, le monopole du travail du métal (cf. *1 S* 13, 19 ss.).

Les premiers affrontements importants entre les Philistins et la Confédération israélite eurent lieu dans la région où les deux territoires se touchaient, c'est-à-dire près des sources du Yarqôn :

« Israël partit en guerre contre les Philistins. Il campa près d'Eben-Ezer et les Philistins à Apheq. Les Philistins prirent position devant Israël. La bataille s'engagea et Israël fut battu par les Philistins : sur le front, en rase campagne, ils frappèrent environ 4 000 hommes » (*1 S*, 4, 1-2).

Cette défaite d'Eben-Ezer fut ressentie d'autant plus durablement par les Israélites (comprenant probablement Ephraïm, Manassé et Benjamin) que les Philistins se saisirent de l'emblème national, « l'arche de Dieu » du sanctuaire de Silo. En provoquant la mort du prêtre de Silo, Eli, et de ses deux fils, Hofni et Pinhas, cette défaite a sans doute aussi marqué le début du rôle de Samuel comme leader religieux traditionnel des Israélites de la montagne d'Ephraïm (*1 S* 7, 15-17).

Il est difficile de préciser dans le détail l'histoire de l'accession de Saül à la royauté. A travers les traditions bibliques divergentes, il paraît seulement possible de dégager deux aspects essentiels de cet événement : d'une part, le rôle important de Samuel dans la désignation de Saül (cf. les légendes de *1 S* 9-10), d'autre part, le fait que le choix de Saül ait été motivé par ses exploits militaires à la tête d'un corps expéditionnaire benjaminite qui sauva *in extremis* les habitants de Yabesh de Galaad d'une reddition sans condition à Naḥash, roi des Ammonites (*1 S* 11, 1-11). Selon la plus grande vraisemblance, c'est à Gilgal, c'est-à-dire en territoire non contrôlé par les Philistins, que Saül fut acclamé roi (*1 S* 11, 12-15).

A la suite de cette reconnaissance, Saül ne tarda pas à donner le signal de la révolte contre l'occupant philistin en territoire benjaminite (*1 S* 13, 2-7.17-18). La Bible ne raconte en détail que l'épisode de la bataille de Mikmas où s'illustra Jonatan le fils de Saül (*1 S* 14), mais la guerre de libération dut être longue et meurtrière (*1 S* 14, 52). Les Philistins, finalement rejetés de la montagne d'Ephraïm, essayèrent d'attaquer de nouveau, d'abord par le sud, puis par le nord.

Partant de Sôkoh de Juda, les Philistins tentèrent de monter par la vallée du Térébinthe (*1 S* 17, 1-2), menaçant directement les clans hébreux de la région de Bethléem qui participèrent, dès lors, à la lutte contre les Philistins, aux côtés de Saül. Du fait de leur ennemi commun, les clans judéens se rapprochèrent des Israélites de Saül en une sorte d'alliance qui a pu comporter l'extradition des ennemis de Saül (cf. *1 S* 23, 7-28 ; 24, 2-23 ; 26).

Ayant échoué dans leur effort de pénétration par le sud, les Philistins décidèrent de contourner la montagne d'Ephraïm par le nord en rejoignant la vallée du Jourdain du côté de Beth-Shéan. L'armée philistine partit donc d'Apheq et traversa la plaine de Yizréél (*1 S* 29, 1) ; elle campa à Shounem face à l'armée israélite tenant les hauteurs de Gilboa (*1 S* 28,4). La bataille fut meurtrière : « Saül, ses trois fils, son écuyer, ainsi que tous ses hommes moururent ensemble ce jour-là » (*1 S* 31, 6). Les Philistins entrèrent dans Beth-Shéan et contrôlèrent toute cette région (*c.* 1010).

A la suite de la défaite de Gilboa, les Philistins pouvaient intervenir à nouveau dans la montagne d'Ephraïm. Pour continuer la lutte, Abner, cousin de Saül et chef de son armée, conduisit Ishbaal, fils de Saül, à Maḥanayim, de l'autre côté du Jourdain, et le fit proclamer roi d'Israël (essentiellement Benjamin, Ephraïm, Yizréél et Galaad) à la place de Saül (*2 S* 2, 8-10). Son règne ne dura que deux ans marqués par la guerre entre les partisans d'Ishbaal et ceux de David, puis par la rivalité entre Ishbaal et son général Abner (*1 S* 2, 10-3, 11). Affaibli par la trahison puis par le meurtre d'Abner à Hébron (*1 S* 3, 12-4, 1), le fils de Saül fut assassiné par deux Béérotites se vengeant de la politique de Saül contre les habitants de la tétrapole gabaonite (cf. *2 S* 21, 5).

Si la durée exacte de la dynastie saülide ne peut être précisée, son importance historique ne doit pas être sous-estimée. Elle fit passer la société israélite d'une Confédération assez lâche de clans et de tribus à une royauté militaire dans laquelle le roi s'attachait des officiers en leur donnant les meilleures terres (*1 S* 8, 11-17 ; 14, 52 *b* ; 22, 7).

II. — David et l'expansion militaire (*c.* 1010-1003-970)

A la mort d'Ishbaal, « tous les Anciens d'Israël vinrent trouver le roi à Hébron, et le roi David conclut une alliance en leur faveur à Hébron, devant le Seigneur, et ils oignirent David comme roi d'Israël » (*2 S* 5, 3). Le choix de David, roi des Judéens à Hébron, comme roi d'Israël peut sembler surprenant, mais la tradition biblique raconte, dans le détail, comment les Israélites en sont tout naturellement arrivés là dans un récit développé qu'on appelle « l'histoire de l'accession de David » (*1 S* 16 ss.).

David, fils de Jessé, était un Ephratéen de Bethléem de Juda entré au service de Saül. Ce jeune homme s'attira bientôt les faveurs de Jonatan, ce qui provoqua une réaction vigoureuse de Saül qui obligea David à prendre le maquis. David se retrouva bientôt chef de bande, rassemblant autour de lui tous les mécontents, parmi eux Abyatar, fils d'Aḥimélek, prêtre de Nob, de la descendance d'Eli de Silo (*1 S* 22, 21 ss.). Après avoir erré un certain temps dans le désert de Maôn et dans la région d'Ein-Gédi et afin d'éviter les poursuites de Saül, David et sa troupe allèrent louer leurs services au roi philistin de Gat, Akish. Celui-ci établit David à Ziqlag, au sud de son territoire, pour contenir les Judéens et les Amalécites. En fait, David profita de sa position pour délivrer les clans judéens de la pression amalécite. La défaite de Gilboa et la mort de Saül fournirent bientôt à David l'occasion de se faire reconnaître comme roi à Hébron par les chefs des clans judéens. Il affermit peu à peu sa position, d'une part, militairement en arrêtant une armée israélite près de Gabaon, d'autre part, politiquement par ses mariages, ses relations diplomatiques et ses démarches pour rallier Abner (*2 S* 2-3). L'aboutissement normal de toutes ces démarches, suspendues un moment à cause du meurtre d'Abner, fut le ralliement des Anciens d'Israël à la royauté davidique.

Les Philistins ne pouvaient rester indifférents au fait que leur ancien vassal soit devenu, à la fois, roi de Juda et d'Israël. Ils s'efforcèrent de séparer à nouveau les deux entités politiques en attaquant à leur point de jonction, près de Jérusalem, dans la vallée des Rephaïm, mais David repoussa l'armée philistine (2 *S* 5, 17-25). L'échec des Philistins laissa la ville « jébuséenne » de Jérusalem totalement isolée. David put s'en emparer comme d'un fruit mûr et en faire sa capitale après avoir été roi à Hébron pendant sept ans et six mois (2 *S* 5, 5 ss.).

Le choix de Jérusalem comme capitale, à la frontière entre la maison de Juda et celle d'Israël, permit à David d'affermir son autorité personnelle. Il fortifia la ville et en fit un centre religieux israélite en y transférant l'arche (*2 S* 5-6). En fait, son autorité lui venait surtout de sa puissance militaire : depuis le moment où il avait pris le maquis, il s'était révélé un parfait chef de bande. Son séjour à Ziqlag et ses raids contre les Amalécites lui avaient permis d'aguerrir une troupe de soldats tout dévoués à sa personne. Cette troupe deviendra ensuite sa garde personnelle et le noyau de l'armée de métier dont il s'entoura lorsqu'il devint roi. Pour s'assurer de la fidélité de cette armée, il mit à sa tête Joab, son neveu (1 *Ch* 2, 16 ; *2 S* 8, 16).

Ayant arrêté l'expansionnisme militaire des Philistins, David se servit de son armée pour étendre son royaume hors de ses frontières primitives. Il soumit les Moabites au tribut (*2 S* 8, 2), puis, à l'occasion de la montée sur le trône de Ḥanoun, roi des Ammonites, et prétextant un affront diplomatique, il engagea une guerre sans merci contre le royaume ammonite. Cette guerre s'acheva par la prise de la capitale, Rabbah. David s'empara d'un butin énorme et ceignit la couronne ammonite (*2 S* 10-12). Cette guerre avait été d'autant plus difficile que les Ammonites avaient fait appel aux armées des royaumes araméens voisins (Zoba, Beth-Reḥov, Beth-Maakah et Ṭôb) que Joab avait dû repousser (*2 S* 10, 6-14). Aussi David prit-il bientôt le commandement de l'armée pour affronter Hadadézer, roi de Zoba et chef de la coalition. La bataille eut lieu à Hélam : Shobak, chef de l'armée de Hadadézer, périt dans le combat et David détruisit 700 chars, n'en laissant qu'une centaine pour son armée, car celle-ci n'était pas entraînée à utiliser cette arme (*2 S* 8, 4 ; 10, 18). A la suite de cette victoire, David établit un préfet à Damas et soumit au tribut les anciens vassaux araméens de Hadadézer. Bien plus, le roi de Hamat, Toï, ancien ennemi de Hadadézer, se reconnut l'allié et, plus ou moins, le vassal de David (*2 S* 8, 9-10). Au Sud, après ses victoires contre les Amalécites (*1 S* 30, 17 s. ; *2 S* 8, 12), David contrôlait le territoire édomite à la population essentiellement nomade. Toutes ces conquêtes militaires furent favorisées par l'affaiblissement momentané des deux grandes puissances de l'époque : l'Egypte et l'Assyrie. Cependant, David ne semble pas avoir cherché systématiquement la guerre : ainsi, après avoir repoussé les Philistins, il ne chercha pas à conquérir leur territoire. Bien plus, il entretint d'excellentes relations avec les Phéniciens, spécialement avec Hiram, roi de Tyr, en vue de bénéficier de leur commerce et de leur technologie (*2 S* 5, 11 ; cf. *1 R* 5, 15).

La politique étrangère de David semble avoir été plus heureuse que sa politique intérieure dominée par deux problèmes majeurs : celui de la succession et celui de la coexistence de Juda et d'Israël, ces deux problèmes apparaissant souvent liés. Vis-à-vis de la descendance saülide, David semble avoir fait preuve d'une certaine duplicité : d'une part, à l'occasion d'une calamité publique, il livra sept descendants saülides à la vindicte des Gabaonites qui les exécutèrent rituellement (*2 S* 21, 1-14) ; d'autre part, après avoir épousé Mikal, fille de Saül, il la délaissa et n'en eut pas d'enfant (*2 S* 6, 20-23), tandis qu'il accueillait à sa cour le dernier descendant de Saül, Méribaal (= Méphiboshet), un estropié, à la fois pour l'honorer et mieux le contrôler (*2 S* 9). David ne réussit pas à régler aussi bien le le problème de sa propre succession.

Son fils aîné, Amnon, fut assassiné sur l'ordre de son troisième fils, Absalom, qui voulait venger l'honneur de sa sœur (*2 S* 13). Après un temps d'exil chez son grand-père, le roi de Géshour, et avec l'appui de Joab, Absalom réussit à reprendre sa place à la cour et même à se faire proclamer roi à Hébron par les représentants des tribus (*2 S* 14 ; 15, 1-13). Surpris, David quitta précipitamment Jérusalem et se réfugia à Maḥanayim au-delà du Jourdain avec sa garde personnelle (Kérétiens et Pélétiens) et les chefs de son armée. La guerre civile qui s'ensuivit fut très courte. Joab défit l'armée israélite des partisans d'Absalom qui fut tué dans la bataille. A la suite de tractations diverses, David revint à Jérusalem. Cependant les péripéties du retour à Jérusalem avaient avivé les tensions entre Israélites et Judéens. Un benjaminite, Shèba, fils de Bikri, leva l'étendard de la révolte, proclamant l'indépendance d'Israël par rapport à David. Ayant éliminé son rival Amasa qui venait d'être placé à la tête de l'armée, Joab se lança à la poursuite du chef de la révolte qui fut exécuté et livré par les habitants d'Abel Beth-Maakah où il s'était réfugié.

Après la mort d'Amnon et d'Absalom, le quatrième fils de David, Adonias, pouvait se considérer comme l'héritier présomptif de David avec, comme partisans, les fidèles de David : le général Joab et et le prêtre Abyatar (*2 S* 3, 4 ; *1 R* 1, 5-7). Cependant il tint à l'écart le prêtre Sadoq, le prophète Natan et le chef de la garde personnelle de David, Benayahu. Ce parti soutint auprès du vieux David les prétentions d'un plus jeune fils : Salomon, fils de Betsabé. Salomon fut couronné du vivant même de son père qui mourut quelque temps après (*1 R* 1-2, 10).

Au milieu de ces conquêtes extérieures et de ces rivalités intérieures, David amorça une organisation administrative liée à un recensement en vue de l'établissement des impôts (cf. *2 S* 24, 1-9). Il projeta aussi de bâtir un temple royal à Jérusalem (*2 S* 7). Ces deux projets se heurtèrent à une opposition intérieure assez vive et ne furent réalisés que sous son successeur Salomon. L'administration des maisons d'Israël et de Juda resta donc vraisemblablement très proche de celle pratiquée sous Saül. Les finances royales étaient essentiellement alimentées par deux sources : l'une, extérieure, les butins pris à l'ennemi, l'autre, intérieure, les produits des biens de la couronne qui semblent avoir été importants et bien gérés (*1 Ch* 27, 25-31). La tradition biblique a conservé plusieurs listes des principaux ministres et conseillers de David, parmi lesquels le chef de l'armée, le chef de la garde personnelle, les prêtres de Jérusalem, le scribe royal et le héraut royal. David lui-même décidait et se réservait, semble-t-il, certains secteurs comme la justice (*2 S* 8, 15) : les autorités locales continuant à exercer la justice traditionnelle, il y avait désormais possibilité de faire appel au roi (*2 S* 14, 15).

Mis à part les problèmes de succession, le règne de David apparaît comme une réussite exceptionnelle. A sa mort, David est à la tête d'un véritable empire en pleine expansion économique. Cette réussite explique que, plus tard, la figure de David ait été idéalisée et son époque considérée comme l'âge d'Or d'Israël. Cependant, cet Empire restait fragile et la première tâche de son successeur sera d'essayer de le consolider.

III. — Salomon et l'administration (*c.* 971-970-931)

Dès la mort de David, Salomon entreprit de consolider son pouvoir tant au plan intérieur qu'extérieur. A l'intérieur, le nouveau roi n'hésite pas à liquider les chefs de l'opposition, c'est-à-dire les partisans de son demi-frère Adonias (*1 R* 2, 12-46).

Sur le plan extérieur, le pharaon Siamoun profita probablement de la mort de David pour organiser une expédition en Palestine, durant laquelle il prit et détruisit Gézer. Le pharaon s'étant vraisemblablement rendu compte que son armée n'était pas de taille à affronter celle de Salomon, cette expédition se termina par un compromis, une sorte d'alliance sur un pied d'égalité : fait inouï dans la tradition égyptienne ancienne, le pharaon donna une de ses filles en mariage à Salomon avec, pour dot, la ville de Gézer (*1 R* 3, 1). En échange, Salomon s'engagea probablement à ne pas attaquer la pentapole philistine. Par ailleurs, il renouvela l'alliance avec Hiram, roi de Tyr (*1 R* 5, 15-32), et développa les échanges commerciaux avec ce pays (*infra*).

Bien que l'historicité en ait été discutée, étant donné les difficultés de la chronologie sud-arabique, il semble que Salomon ait établi des relations avec le royaume de Saba (*1 R* 10, 1-10), gros producteur d'aromates, dont le commerce pouvait bénéficier des bonnes grâces du roi de Jérusalem. Ainsi, au moins à ses débuts, Salomon paraît avoir su tirer profit de la puissance militaire léguée par son père pour se faire reconnaître comme la puissance politique dominante du Sud du Levant.

Ayant ainsi réglé les principaux problèmes de

politique intérieure et extérieure, Salomon put se consacrer à son œuvre principale : l'organisation et l'administration de son Empire, tâche qui lui valut une réputation de « sage » *(ḥâkâm)*, c'est-à-dire d'homme politique habile, de bon administrateur (*1 R* 3, 7-13.28 ; 5, 9 ss. ; 10, 6 ss.).

1. **Le gouvernement central.** — A la suite de David, Salomon s'entoura de hauts fonctionnaires et de conseillers formant une sorte de cabinet royal. La liste qui en est donnée en *1 R* 4, 1-6 montre la continuité avec l'administration davidique ainsi que le caractère quasi héréditaire des principales fonctions : prêtre, secrétaire, héraut, chef de l'armée. Cependant de nouvelles fonctions administratives apparaissent : maître du palais, chef des préfets et chef de la corvée. Dans ce cabinet, on note le rôle important joué par les membres de la famille du prophète Natan, en récompense de son rôle déterminant lors de l'accession de Salomon.

2. **Les préfectures.** — Le territoire considéré comme israélite, intégrant des villes cananéennes probablement annexées sous David, fut divisé en douze préfectures ayant chacune à leur tête un préfet *(neṣîb)* nommé par Salomon. La liste, en partie mutilée, de *1 R* 4, 8-19, permet de reconstituer ce découpage administratif.

3. **Les finances.** — Chaque préfecture devait assurer l'entretien de la cour royale pendant un mois (*1 R* 4, 7), charge assez lourde à cause du développement du harem royal, du nombre des hauts fonctionnaires et de la charrerie royale. Cet approvisionnement régulier ne préjugeait pas d'autres entrées provenant des biens de la couronne dont le « maître du palais » devait assurer la gestion. A

défaut de butins de guerre, comme sous David, le trésor royal était encore alimenté par les cadeaux et tributs des différents Etats vassaux. De plus, le roi avait la haute main sur le grand commerce international, source de profits non négligeables :

— commerce des caravanes du désert, c'est-à-dire de l'encens et des aromates (*1 R* 10, 1-13) ;
— commerce de haute mer, jusqu'au pays d'Ophir, pour ramener des produits et des animaux tropicaux, ainsi que de l'or dans des expéditions conjointes avec les Phéniciens alors en pleine expansion coloniale (*1 R* 9, 26-28 ; 10, 11-22) ;
— commerce avec la Phénicie : produits agricoles (blé, huile) contre bois de construction (cèdres, cyprès) et aide technique (*1 R* 5, 24-25).

4. **L'armée.** — Même si son règne resta généralement pacifique, Salomon eut le souci de moderniser son armée dont il confia la charge à l'ancien chef de la garde personnelle de David, Benayahu (*1 R* 4, 4). Outre le maintien vraisemblable de cette garde personnelle, l'effort principal porta sur les chars (*1 R* 10, 26-29).

5. **Les travaux publics.** — En plus de la construction des places fortes dans un but de défense, Salomon entreprit d'importants travaux, en particulier dans sa capitale : le temple, le palais royal, le *millo* et le mur d'enceinte (*1 R* 9, 15). Ces grands travaux étaient des entreprises de longue durée : sept ans pour le temple et treize ans pour le palais royal, avec des conséquences économiques et sociales importantes. De tels travaux ne purent être entrepris qu'avec l'aide technique et matérielle des Phéniciens qui fournissaient les ingénieurs et les ouvriers qualifiés, ainsi qu'une partie de la matière première (bois de construction et or). Les importations provenant de Phénicie devinrent si importantes que, pour rééquilibrer les échanges, Salomon céda au

roi de Tyr le pays de Kaboul, incluant probablement toute la plaine d'Akko (*1 R* 9, 10 ss.). Par ailleurs, ces grands travaux contribuèrent au développement de l'industrie métallurgique dans la vallée du Jourdain (*1 R* 7, 46 s.). Surtout, de telles constructions nécessitaient une main-d'œuvre abondante aussi bien dans la capitale et les principales villes qu'au Liban (*1 R* 5, 28), main-d'œuvre qui ne pouvait être obtenue que par la corvée. Malgré *1 R* 9, 22, étaient astreints à cette corvée non seulement les anciennes populations cananéennes mais encore Israël (*1 R* 5, 27).

On comprend facilement que ce développement de l'institution de la corvée ait été très impopulaire, provoquant plusieurs révoltes, en particulier dans la « maison de Joseph » qui se souleva sous la direction de son chef de corvée, Jéroboam, fils de Nébat. Cette révolte échoua et Jéroboam se réfugia en Egypte auprès du pharaon Shéshonq Ier, fondateur de la XXIIe dynastie qui accueillait tous les opposants au régime salomonien (*1 R* 11). L'attitude inamicale de l'Egypte, au sud-ouest, et la naissance d'un puissant royaume araméen à Damas, au nord-est (*1 R* 11, 23-25), assombrirent probablement la fin du règne de Salomon.

Il est difficile de dresser un bilan équilibré de la royauté unifiée de Saül à Salomon. En un siècle (*c.* 1030-931), le peuple hébreu connut une transformation considérable. Les clans de Juda furent unifiés et rattachés, sous un même roi, aux tribus de la Confédération israélite à laquelle furent aussi intégrées plusieurs cités-Etats cananéennes. Même si ces populations diverses restaient assez différentes par leurs structures sociales, leurs cultures, voire leurs langues (l'hébreu du Nord était différent de l'hébreu du Sud et très proche du phénicien), après un siècle d'unification, elles restèrent marquées par la conscience d'une certaine destinée commune et la nostalgie de l'unité perdue.

L'unification s'est faite autour de la personne du roi et la royauté est devenue une institution stable et reconnue. Même si le choix de la personne du successeur ne va pas sans poser quelques problèmes, le principe dynastique est admis : le roi de Jérusalem restera un « fils de David » jusqu'à la destruction de la ville en 587. Bien plus, le roi, surtout Salomon, transforma le royaume en un Etat organisé, structuré et administré, créant un corps de fonctionnaires (les lévites) tout dévoués au service de l'Etat. Pour former ces fonctionnaires, leur apprendre à lire, à écrire, à compter, à gérer un magasin, à distribuer des rations, à prélever les impôts..., Salomon institua probablement des écoles à Jérusalem et dans les capitales des préfectures. Bien que les témoignages épigraphiques restent peu nombreux, cette époque vit sans doute le développement d'une littérature proprement israélite, ayant pour but de mettre en valeur les traditions nationales et la personne du roi (cf. la source « yahviste » du Pentateuque et l'histoire de l'accession de David). Pour les besoins de l'enseignement, cette littérature n'hésitait pas à emprunter à la « sagesse » internationale, en particulier à celle de l'Egypte (cf. *Pr* 22, 17-23, 14).

Cette structure étatique bouleversa la structure sociale traditionnelle : famille, clan, tribu. Le peuple hébreu passa d'une Confédération d'unités tribales ou claniques plus ou moins indépendantes, à un ensemble de préfectures dépendant d'un Etat centralisé autour de la capitale, Jérusalem, avec deux institutions, l'armée et la corvée, qui provoquèrent un brassage de la population généralement assez mal accepté comme le montrent les réactions au recensement sous David puis les révoltes contre la corvée sous Salomon. Les tensions sociales furent d'autant plus vives qu'elles étaient alimentées par une certaine jalousie des Israélites vis-à-vis des Judéens. En effet, tant dans l'administration des préfectures que dans l'organisation de la corvée et le choix des hauts fonctionnaires civils et militaires, la « maison de Juda » semble avoir bénéficié d'un traitement de faveur, source de ressentiment populaire de la part des Israélites.

La transformation profonde de la société hébraïque est confirmée par les fouilles archéologiques. Alors que, au début du Fer I, les ruines rattachées à la population israélite sont les restes de villages composés d'unités indépendantes, les « maisons à quatre pièces », et que les seuls bâtiments publics paraissent être des enceintes cultuelles, les restes archéologiques du xe siècle avant notre ère témoignent de la construction planifiée de villes fortifiées comportant des murs à casemates, des portes à tenailles, des magasins royaux et des bâtiments de personnages publics (gouverneurs ?). Ce développement des villes suppose d'ailleurs une croissance démographique assez importante et certains historiens estiment que la population a pu doubler entre le début du règne de Saül et la fin de celui de Salomon.

Sous David, l'unification avait été favorisée par l'attachement de la population à la foi en YHWH. Le fait que le roi ait été un fervent de YHWH a grandement facilité sa reconnaissance par les Anciens d'Israël. David ne négligea aucun effort pour unifier ses deux « maisons » autour de la même divinité nationale et il faut souligner, dans ce sens, le rôle joué par le prêtre Abyatar, descendant d'Eli, ainsi que par les prophètes Gad et Natan. Dans ce même but, David avait transféré l'arche à Jérusalem et projeté de bâtir en son honneur un temple digne de la grandeur du nouvel Etat, attirant les foules en pèlerinage.

Malgré la construction du temple, probablement soutenue par le prêtre Sadoq, cette politique d'unité religieuse paraît avoir été quelque peu mise en veilleuse sous Salomon. Aussi bien à Jérusalem que dans les anciennes cités cananéennes, le culte officiel semble avoir admis un certain nombre de rites traditionnels cananéens. Bien plus, le caractère cosmopolite de la cour de Salomon favorisa l'introduction de cultes étrangers et même la construction de sanctuaires voués à des divinités étrangères : Kamosh, dieu de Moab, Milkom, dieu des Ammonites, Astarté déesse des Sidoniens (*1 R* 11, 1-8). De telles pratiques ont dû susciter un certain mécontentement parmi les Israélites attachés à la religion de leurs pères et provoquer le soutien de prophètes à l'opposition au régime salomonien (cf. *1 R* 11, 29-39).

CHAPITRE IV

LES DEUX ROYAUMES : ISRAËL ET JUDA (*c.* 931-722)

I. — Le déchirement et l'incertitude (*c.* 931-881)

A la mort de Salomon, son fils Roboam, âgé de 41 ans, se rendit à Sichem pour y être proclamé roi d'Israël par l'assemblée du peuple. Profitant de la situation, cette assemblée exigea un allègement des charges (corvée, impôts) que Roboam refusa de manière brutale. L'assemblée proclama alors l'indépendance d'Israël par rapport à la dynastie davidique : « Pas d'héritage avec le fils de Jessé ! A tes tentes, Israël ! » (*1 R* 12, 16), et lapida le chef de la corvée que Roboam leur avait envoyé. Devant cette révolte, Roboam s'enfuit à Jérusalem, tandis que l'assemblée faisait appel à Jéroboam, fils de Nebat, réfugié en Egypte et l'acclamait comme roi d'Israël (*1 R* 12, 20).

Roboam, devenu roi de Juda, se rendit compte de l'inutilité de toute intervention armée pour mater les révoltés, d'autant plus que se profilait à l'horizon la menace d'une expédition militaire égyptienne (*infra*). Dès lors, Jérusalem ne fut plus que la capitale du royaume de Juda regroupant l'ancienne « maison de Juda » et la tribu ou préfecture de Benjamin, le rattachement des Benjaminites à Juda s'expliquant par la proximité géographique de Jérusalem et l'animosité traditionnelle contre les Ephraïmites. De son côté, Jéroboam installa d'abord sa capitale à Sichem au cœur de la « maison d'Israël », mais il dut bientôt se réfugier en Transjordanie, à Pénuel, devant la menace égyptienne. Afin de soustraire ses sujets à l'attrait religieux du temple de Jérusalem, Jéroboam se hâta d'instituer un temple royal au nord et au sud de son royaume, à Dan et à Béthel (*1 R* 12, 26-33).

En l'an 5 du règne de Roboam (*c.* 926), le pharaon Shéshonq Ier profita de la division du royaume salomonien pour réaffirmer son autorité sur la Palestine. Son armée suivit un itinéraire connu par les inscriptions égyptiennes : « Gaza, Gézer, Rubute, Ayyalôn, Qiryatayim, Beth-Horon, Gabaon... » A l'approche de l'armée égyptienne, Roboam préféra se soumettre et payer un très lourd tribut tiré des trésors du temple et du palais royal (*1 R* 14, 26). L'armée égyptienne se tourna alors contre le royaume d'Israël : « Zemarayim, (Go)-phna... (Sichem)..., (Ti)rzah, Migdal, Adam, Soukkôt, Qadesh-Pénuel... » Ainsi, après avoir détruit Sichem, Shéshonq poursuivit son avance par le Wadi Far'ah, passa le Jourdain au gué de Damyeh et atteignit Pénuel où Jéroboam s'était réfugié. Il remonta ensuite le Jourdain jusqu'à Beth-Shéan et revint par la vallée de Yizréél, Mégiddo et la plaine du Sharon. Pendant ce temps, un détachement détruisait les forteresses du Négeb. Cette expédition égyptienne provoqua donc la destruction de la plupart des villes de Palestine, sauf celles du cœur de la maison de Juda, et les fouilles archéologiques confirment cette destruction massive vers la fin du Xe siècle.

Le cœur du royaume de Juda n'ayant pas été atteint, Roboam entreprit de le renforcer (*2 Ch* 11, 6-12). Profitant alors de l'affaiblissement du royaume israélite à la suite de l'expédition égyptienne, Roboam attaqua Jéroboam. Cette guerre se continua après sa mort sous son fils Abiyah ou Abiyam (*c.* 914-912) et son petit-fils Asa (*c.* 912-871).

Après l'expédition de Shéshonq, Jéroboam s'installa à Tirzah, environ 10 km au nord - nord-est de Sichem. Il semble avoir assez bien résisté aux tentatives de reconquête de Roboam, mais le fils de ce dernier, Abiyah, ayant déjà acquis une certaine expérience du vivant de son père (*2 Ch* 11, 22), le défit à la bataille de Zemarayim et occupa le sud de la montagne d'Ephraïm : Béthel, Yeshanah, Ephrôn (*2 Ch* 13, 18-19). Cette défaite aviva l'opposition intérieure, en particulier celle du prophète Ahiyah de Silo (*1 R* 14, 1-20). Aussi, peu de temps après la mort de Jéroboam (*c.* 910), son fils Nadab fut-il bientôt renversé par une conspiration au moment où il assiégeait la ville philistine de Gibbetôn (*1 R* 15, 27).

Baasha de la maison d'Issakar fut proclamé roi d'Israël à Tirzah (*c.* 909-886 ; *1 R* 15, 27.33). Il reprit la guerre contre Juda et fortifia Rama, 8 km au nord de Jérusalem, afin de bloquer la route septentrionale d'accès à la capitale judéenne. Le roi de Juda, Asa, recourut alors à l'intervention étrangère du roi araméen de Damas, Bar-Hadad fils de Tabrimmôn. Contre une forte somme d'argent et d'or, celui-ci brisa son alliance avec Israël et attaqua la haute vallée du Jourdain : Iyôn, Dan, Abel Beth-Maakah et le pays de Nephtali. Pour faire face, Baasha quitta précipitamment Rama qu'Asa fit démanteler en fortifiant les forteresses benjaminites de Gibéa et Mizpa (*1 R* 15, 16-22). La défaite de Baasha aviva l'opposition intérieure, en particulier celle du prophète Jéhu fils de Hanani (*1 R* 16, 1-7). Aussi, peu de temps après la mort de Baasha, son fils Ela (*c.* 886-885) fut-il renversé par une conspiration dirigée par un de ses officiers, « Zimri, chef de la moitié des chars ».

Après avoir exterminé toute la descendance de Baasha, Zimri fut proclamé roi d'Israël à Tirzah, mais l'armée assiégeant à nouveau Gibbetôn n'accepta pas ce coup d'Etat et, sous la direction de son général, Omri, assiégea Tirzah. Le palais royal fut incendié et Zimri mourut lors de l'attaque (*c.* 885). Après une guerre civile de quatre ans et la mort de son rival, Tibni fils de Ginat, Omri fut reconnu comme roi de tout Israël à Tirzah (*c.* 881).

II. — La dynastie d'Omri (*c.* 881-841)

Omri s'efforça de procurer à son royaume la stabilité et la paix. Le palais royal de Tirzah ayant été détruit, il fonda une nouvelle capitale, Samarie, à une douzaine de kilomètres au nord-ouest de Sichem. Ce choix marquait une volonté de renouveau et un désir de rapprochement avec la Phénicie, rapprochement confirmé par le mariage de son fils Achab avec la fille d'Ittobaal, roi de Tyr, Jézabel (*1 R* 16, 31). Cette alliance était d'autant plus nécessaire que la menace assyrienne se précisait : une expédition assyrienne avait atteint la Méditerranée et les cités de Tyr, Sidon, Byblos et Arvad avaient dû présenter le tribut à Assurnasirpal II.

D'après la stèle de Mésha, roi de Moab, Omri soumit le pays de Moab qui paya le tribut (lignes 4-8) Par contre, il mit un terme à la guerre contre le royaume de Juda. Il est vrai qu'à la fin du long règne d'Asa, le royaume judéen était affaibli militairement et financièrement par les guerres et le tribut à verser aux Araméens ; il ne représentait donc plus une menace sérieuse pour le royaume israélite.

A la mort d'Omri, sa politique fut poursuivie par son fils Achab (*c.* 874-853). Sous l'influence de sa femme Jézabel, les relations phénico-israélites se développèrent tant au point de vue politique qu'économique et culturel. Le roi de Moab, riche en troupeaux, « payait au roi d'Israël une redevance » en agneaux et en béliers laineux (*2 R* 3, 4). Le rapprochement avec le royaume de Juda fut scellé par une alliance : Athalie, fille d'Achab, épousa Joram, fils de Josaphat (*2 R* 8, 18.26). Cette politique de réconciliation voulait prévenir une menace assyrienne de plus en plus précise. En 853, Salmanazar III attaqua une coalition de la plupart des Etats de Syrie-Palestine comprenant, en particulier, Irhuleni de Hamat, Hadadidri (= Hadadézer) de Damas et Achab d'Israël ; ce dernier dirigeait le plus fort contingent de chars de la coalition (2 000 !). La bataille de Qarqar stoppa l'avance assyrienne pour une dizaine d'années.

La tradition biblique fait ensuite mourir Achab de mort violente dans une guerre contre les Araméens à Ramot de Galaad (*1 R* 22, 1-38), mais ce récit se rapportait primitivement au fils d'Achab : Joram (*infra*). En fait, Achab est probablement mort de mort naturelle à Samarie, peu après la bataille de Qarqar (*1 R* 21, 29 ; 22, 40).

Bien que la présentation biblique ait été très marquée par les vues des partisans de Jéhu, adversaires de la descendance d'Achab, il est fait deux fois allusion à de grands travaux (*1 R* 16, 34 ; 22, 39). Les fouilles archéologiques de Samarie, Mégiddo et Hazor semblent avoir confirmé l'importance et la qualité des constructions de cette époque. Cependant, la prospérité économique n'allait pas sans un certain risque de perte d'identité nationale israélite. Sous l'influence de Jézabel, qui tint à avoir son temple de Baal à Samarie (*1 R* 16, 32), le culte de Baal se répandit et sembla menacer l'unité religieuse israélite autour du culte de YHWH. Bien plus, il semble que Jézabel n'ait pas toujours été très scrupuleuse dans le choix des moyens pour atteindre ses fins (*1 R* 21). Ces deux tendances de la cour royale heurtaient profondément les Israélites traditionnels dont le prophète Elie se fit le porte-parole.

A la mort d'Achab, son fils Achazyahu ne régna que très peu de temps (*c.* 853-852). Il mourut des suites d'une chute accidentelle dans son palais

(*2 R* 1, 2-17). Le roi de Moab, Mésha, profita de l'immobilisation d'Achazyahu pour se révolter et, de même, probablement, les Araméens pour s'emparer de Ramot de Galaad. A la mort d'Achazyahu sans enfant, c'est son frère Joram qui lui succéda. S'appuyant sur l'alliance avec Juda, il essaya de rétablir la situation au-delà du Jourdain. Il s'attaqua d'abord au problème moabite en organisant une expédition conjointe regroupant Israël, Juda et un contingent édomite, et contournant les défenses de Moab par le sud de la mer Morte. Après une traversée du désert difficile et de premières victoires, la situation se retourna, à Qir-Hareshet, en faveur de Mésha qui n'hésita pas à sacrifier son propre fils pour galvaniser les énergies. L'échec final de l'expédition conjointe semble confirmé par la stèle de Mésha, probablement gravée vers la fin de son règne (*c.* 810) : le roi de Moab occupa même, un peu plus tard, vraisemblablement avec l'appui de Hazaél *(infra)*, les villes de Gad et de Ruben au nord de l'Arnon jusqu'à Madaba et au mont Nébô.

Joram essaya ensuite de faire face à la menace araméenne et, avec l'aide du roi de Juda, Achazyahu, tenta de reprendre Ramot de Galaad aux troupes araméennes de Hazaél (*2 R* 8, 25-29). Joram fut blessé par une flèche et transporté à Yizréél où Achazyahu le rejoignit. Un général de Joram, Jéhu, profita de cet affaiblissement momentané pour achever le roi d'Israël, tuer Achazyahu de Juda et faire exécuter Jézabel et tous les membres de la famille royale se trouvant à Yizréél et en Samarie (*2 R* 9, 14-10, 17). Le coup d'Etat militaire de Jéhu, en 841, marqua la fin de la dynastie d'Omri sur le trône d'Israël ; celle-ci devait encore continuer sept ans à Jérusalem avec Athalie.

Le long règne d'Asa roi de Juda (*c.* 912-871) avait été, en partie, contemporain des règnes d'Omri (*c.* 885-874) et d'Achab (*c.* 874-853). Après un début prometteur, réforme religieuse et militaire suivie d'une victoire sur une armée égyptienne et accompagnée d'une certaine prospérité économique (*2 Ch* 14, 1-15, 18 ; *1 R* 15, 11-15), la fin du règne fut marquée par la guerre contre les Israélites, l'appel à Bar-Hadad de Damas *(supra)*, et une certaine opposition intérieure aggravée par la maladie. Son fils Josaphat (*c.* 871-846) continua les réformes religieuses, militaires et administratives commencées en réorganisant la justice et l'enseignement dans les villes de Juda (*2 Ch* 17). Sa politique étrangère fut axée sur l'alliance avec Israël : son fils Joram épousa Athalie, la fille d'Achab. Ces réformes et cette alliance restaurèrent la prospérité du pays. Tandis qu'Israël exerçait un protectorat sur Moab, Juda recevait le tribut de la Philistie et d'Edom et contrôlait le commerce de l'or venant du pays d'Ophir (*1 R* 22, 48 s.). La fin de son règne fut marquée par l'échec de l'expédition contre Moab *(supra)*. Sous son fils Joram (*c.* 848-846-841), les Edomites se révoltèrent, ainsi que Libnah et le pays philistin. Edom et la Philistie redevinrent indépendants. A la mort de Joram, son fils Achazyahu ne régna que quelques mois : s'étant joint à la campagne de Joram d'Israël contre Ramot de Galaad, il périt lors du coup d'Etat de Jéhu (841) (*supra* et stèle araméenne de Tel Dan).

III. — La dynastie de Jéhu (*c.* 841-749)

En supprimant les rois d'Israël et de Juda, le coup d'État de Jéhu provoqua une rupture politique et culturelle très importante dans l'histoire d'Israël. Cette révolution marqua le coup d'arrêt du processus de modernisation voulu par la dynastie d'Omri, processus qui se traduisait souvent par une « canaanisation ». Le coup d'Etat de Jéhu s'appuyait sur les milieux traditionalistes dont les deux leaders, Elisée et Jonadab fils de Rékab, semblent avoir pris une part active à la révolution (*2 R* 9, 1-10 ; 10, 15 ss.). Par des massacres de prêtres et des destructions de temples, « Jéhu supprima Baal d'Israël » (*1 R* 10, 28). Cette orientation religieuse explique que les cercles prophétiques, et surtout Elisée, aient soutenu la politique de Jéhu et de ses successeurs Joachaz et Joash.

Jéhu eut bien besoin de ce soutien intérieur car sa politique extérieure fut catastrophique. Dès 841, le roi d'Assyrie, Salmanazar III, attaquait Hazaël de Damas et assiégeait sa capitale mais, semble-t-il, sans réussir à la prendre. Il se rendit ensuite à *Baalirashi* (probablement Rosh Haniqra) où les rois de Tyr et de Sidon, ainsi que Jéhu, lui présentèrent le tribut (cette scène est représentée sur l'obélisque noir de Salmanazar III). Malgré une autre tentative en 838, Salmanazar III ne réussit pas à soumettre Damas et son armée fut bientôt occupée ailleurs, laissant le champ libre à Hazaël. Celui-ci se retourna contre Jéhu et battit les Israélites « sur toute la frontière d'Israël, depuis le Jourdain vers l'est, tout le pays de Galaad, le pays des Gadites, des Rubénites et Manassites, depuis Aroër sur les gorges de l'Arnon, Galaad et Bashân » (*2 R* 10, 32 s.).

Cette situation empira encore sous le dauphin puis successeur de Jéhu, son fils Joachaz (*c.* 819-814-803). Israël fut réduit à l'état de vassal de Damas : « Il ne fut laissé à Joachaz, comme peuple en armes, que 50 cavaliers, 10 chars et 10 000 fantassins » (*2 R* 13, 7). C'est à cette période difficile qu'il faut rattacher certaines histoires du cycle d'Elisée, en particulier l'incursion des bandes araméennes et la guérison du général araméen Naaman (*2 R* 5-6). Les Araméens, maîtres d'Israël, installèrent des comptoirs à Samarie (*1 R* 20, 34) et traversèrent le pays pour aller attaquer Gat et Jérusalem (*2 R* 12, 18).

Pendant toute cette période, le royaume de Juda connut, lui aussi, des troubles graves. A l'annonce du coup d'Etat de Jéhu, la reine-mère Athalie, fille d'Achab et de Jézabel, prit le pouvoir pour empêcher l'extension de la révolution religieuse et nationaliste au royaume de Juda. Sa régence dura sept ans (841-835), durant lesquels elle continua la politique de Josaphat et d'Achab : alliance avec la Phénicie et ouverture aux cultes étrangers, en particulier à celui de Baal. En 835, le prêtre du temple de YHWH, Yehôyada, dont la femme, sœur du roi défunt, avait pu élever un de ses fils, Joas fils d'Achazyahu, résolut de mettre fin au régime d'Athalie. Avec l'appui de la garde royale, il fit acclamer le jeune Joas comme roi et exécuter Athalie. Comme Jéhu, il démolit le temple de Baal et en exécuta le prêtre, Mattan.

Le long règne de Joas (*c.* 841-835-802) débuta par plusieurs réformes religieuses et administratives qui plaçaient le royaume sous la direction des prêtres et particulièrement de Yehôyada (*2 R* 12, 5 s.). Vers 819, Joas décida de prendre lui-même le contrôle de l'administration et de remédier à certains désordres dus à la négligence des prêtres. La fin du règne fut marquée par une opposition intérieure de plus en plus forte des milieux sacerdotaux : pour la mater, Joas n'hésita pas à faire exécuter le grand-prêtre Zacharie, fils de Yehôyada. De plus, l'armée araméenne s'étant emparée de Gat et marchant sur Jérusalem, Joas choisit de payer le tribut, ce qui fit encore croître l'opposition de certains de ses ministres qui l'assassinèrent (*2 R* 12, 18-22).

La pression araméenne sur les deux royaumes prit fin avec l'intervention assyrienne d'Adad-Nirari III sur la frontière nord du royaume de Damas. C'est probablement à cause d'elle que les Araméens levèrent le siège de Samarie (*2 R* 6, 24 ss.). A la suite d'une expédition d'Adad-Nirari III jusqu'à la côte méditerranéenne, le roi de Damas, vaincu, dut payer un très lourd tribut, tandis que le versement de « *Ya-a-su* le Samaritain » paraît avoir été plus limité. Dès lors, Joas d'Israël (*c.* 805-803-790) put reprendre l'offensive contre l'armée araméenne et libérer le territoire israélite cisjordanien. Il battit même Bar-Hadad II fils d'Hazaél à Apheq, probablement dans la vallée de Yizréél (*2 R* 13, 14-25), victoire à la suite de laquelle Bar-Hadad II se réconcilia avec Joas d'Israël (*1 R* 20, 31-34).

Le renouveau israélite suscita l'animosité d'Amazyahu, roi de Juda (*c.* 804-802-776). Après avoir châtié les assassins de son père, ce dernier remporta une victoire contre Edom, à la bataille de la vallée du Sel, et s'empara de Séla qu'il appela Yoqtéél (*2 R* 14, 7 ; *2 Ch* 25, 11 ss.). Cette conquête l'encouragea à défier Joas d'Israël : les Judéens furent battus à Beth-Shémesh et Amazyahu fait prisonnier. Les Israélites s'emparèrent de Jérusalem, démantelèrent ses murailles et repartirent en emportant le trésor du temple et du palais royal ainsi que des otages. Juda devint le vassal d'Israël jusque vers la fin du règne de Jéroboam II.

A la mort de Joas d'Israël, son fils Jéroboam lui succéda pour un long règne prospère d'une quarantaine d'années (*c.* 790-750).

Le succès de Jéroboam II rappelle celui de David. Il exerçait son pouvoir sur la Syrie-Palestine depuis Lebo-Hamat jusqu'au golfe d'Aqaba (*2 R* 14, 25.28), contrôlant la route des caravanes entre Gaza et Elat comme semblent l'indiquer les inscriptions de Kuntilat-Ajrud (entre Qadesh-Barnéa et Elat). Comme David et Salomon, Jéroboam II assura la prospérité économique de son royaume par une alliance avec les Phéniciens, plus spécialement avec le roi de Tyr (Milkiram ?). Comme David, il réforma son administration en organisant un recensement (*1 Ch* 5, 17). Les besoins de l'administration semblent d'ailleurs avoir provoqué un développement de l'usage de l'écriture et les témoignages épigraphiques deviennent plus nombreux : ostraca de Samarie, sceaux de hauts fonctionnaires (ainsi le sceau de « Shéma ministre de Jéroboam »), exercices scolaires de Kuntilat-Ajrud. Ceci concorde avec la tradition biblique des premiers recueils écrits d'oracles prophétiques (*Amos* et *Osée*). Tout en attestant un développement économique considérable, confirmé par les fouilles archéologiques, ces oracles révèlent que le fossé se creuse entre une classe sociale vivant dans le luxe et la majorité de la population paysanne souvent exploitée. C'est pourquoi, vers la fin de son règne, et malgré son soutien à la religion yahviste et au culte des temples (cf. *Am* 7, 10 « Amazyah, prêtre de Béthel », et « Zekaryaw, prêtre de Dor » sur un sceau), Jéroboam II se heurta à l'opposition des prophètes, en particulier d'Amos.

A la mort de Jéroboam II, son fils Zekaryahu fut assassiné par Shallum après un règne de six mois (*c.* 750). Avec cet assassinat, le royaume d'Israël entrait dans une période de troubles intérieurs et extérieurs qui allaient le conduire à sa chute.

Après la bataille de Beth-Shémesh, le protectorat d'Israël eut pour résultat d'assurer au royaume de Jérusalem une période de paix favorable au développement démographique et économique. A la mort de Joas d'Israël, Amazyahu semble avoir été libéré (*c.* 790), mais il fut très mal accueilli à Jérusalem et se réfugia dans la place forte de Lakish, laissant l'administration du royaume à son fils Ouzyahu (*2 R* 14, 17-21). La co-régence d'Ouzyahu (= Azaryahu) avec son père se termina par l'assassinat de ce dernier à Lakish (*c.* 776). Le long règne d'Ouzyahu (*c.* 790-776-739) fut marqué par un redressement économique et militaire.

Ouzyahu développa l'agriculture et l'élevage, les deux bases de l'économie judéenne (*2 Ch* 26, 10). C'est vraisemblablement sous son règne qu'un nouveau type de pressoir à huile entraîna une production plus importante et facilita l'exportation vers la Phénicie et l'Egypte. Ouzyahu réorganisa aussi l'armée en préparant la mobilisation générale, l'armement étant fourni par les magasins royaux (*2 Ch* 26, 11 ss). Il rebâtit la muraille de Jérusalem et fit des « machines spécialement inventées pour être placées sur les tours et les angles et pour lancer des flèches ou de grosses pierres » (*2 Ch* 26, 15). Vers la fin de son règne, le résultat de toutes ces mesures est bien décrit par *Isaïe* 2, 7 : « Le pays est rempli d'argent et d'or, pas de limite à ses trésors. Le pays est rempli de chevaux : pas de limite au nombre de ses chars. »

Cette prospérité permit à Ouzyahu-Azaryahu une politique extérieure plus active dans la deuxième moitié de son règne : « Il rebâtit Elat et la rendit à Juda » (*2 R* 14, 22) ; « Il partit en guerre contre les Philistins et démantela les remparts de Gat, de Yabné et d'Ashdod, puis il bâtit des villes dans la région d'Ashdod et chez les Philistins » (*2 Ch* 26, 6). Il étendit aussi son protectorat sur les Arabes du Sud de la Philistie jusqu'à l'entrée de l'Egypte et semble avoir reçu le tribut des Ammonites (*2 Ch* 26, 8 ; 27, 5).

Vers la fin de sa vie, atteint d'une sorte de lèpre, Ouzyahu fut écarté des cérémonies liturgiques du temple (*2 R* 15, 5 ; *2 Ch* 26, 16-21) et confia la charge de l'administration royale à son fils Jôtam (*ʿal bêyt hammelek*). La mort d'Ouzyahu (*c.* 739) marque le début d'une période agitée pour les deux royaumes hébreux.

IV. — Les soubresauts et la chute de Samarie (722)

Le règne de Tiglat-Phalazar III, roi d'Assyrie (744-727), marque le début d'une politique de conquête territoriale systématique qui devait aboutir à placer tous les Etats de Syrie-Palestine dans la mouvance de l'Empire assyrien. Cette nouvelle donnée de la conjoncture internationale va dominer la politique des deux Etats hébreux pendant un siècle.

Face à la menace assyrienne, le royaume d'Israël va se révéler très instable. En moins de trente ans, il va connaître quatre changements de régime et les oracles du prophète Osée font souvent allusion à l'instabilité de cette période (*Os* 8, 4 ; 10, 3-4.7). Après le court règne d'un mois de Shallum, Menaḥem prit le pouvoir à Samarie (*c.* 750-741). Il participa probablement à la coalition anti-assyrienne battue par Tiglat-Phalazar III en 743-741 ; le tribut imposé fut très lourd et Menaḥem leva un impôt extraordinaire de 50 sicles par notable (*2 R* 15, 20). Un tel impôt rendit Menaḥem et sa politique très impopulaires. Aussi son fils Péqaḥyah qui lui succéda (*c.* 741-740) fut-il bientôt assassiné par Péqaḥ, appuyé par 50 soldats de Galaad.

Considérant Menaḥem et Péqaḥyah comme des usurpateurs, Péqaḥ compta probablement ses années de règne comme s'ils n'avaient pas existé (*c.* 750-740 - fin 732). Avec Rezîn roi de Damas, il fut l'un des animateurs de la nouvelle coalition anti-assyrienne qui entreprit de regrouper tous les Etats de Syrie-Palestine. Comme Jôtam de Juda (*c.* 749-739 - 735/734) refusait de se joindre à eux, Rezîn et Péqaḥ décidèrent de marcher sur Jérusalem pour y installer « le fils de Ṭabéél », favorable à leur cause. Cette entreprise, appelée la guerre « syroéphraïmite », faillit réussir car le royaume de Juda fut alors affaibli par la mort de Jôtam : Achaz, son fils (*c.* 735/734 - 719), n'avait que vingt ans. Avec la complicité des villes philistines et des Edomites, qui occupèrent Elat (*2 R* 16, 6), les coalisés montèrent assiéger Jérusalem. Malgré les appels au calme du prophète Isaïe (*Is* 7), Achaz, jugeant la situation désespérée (cf. *2 Ch* 28, 5-7), fit appel à l'intervention de Tiglat-Phalazar III (*2 R* 16, 7). Celui-ci intervint aussitôt. Après une campagne en Philistie, il attaqua le chef de la coalition, Rezîn de Damas, qui fut tué lors de la prise de sa capitale en 732, tandis qu'Achaz et les autres rois de Syrie-Palestine payaient le tribut (*2 R* 16, 8 ss., confirmé par les annales assyriennes). Le Galaad, la Galilée (Mégiddo) et le Sharon (Dor, peut-être dès 734), devinrent des provinces assyriennes. Avec l'accord de Tiglat-Phalazar III, Péqaḥ d'Israël, assassiné, fut remplacé par Hosée (*c.* 731-722), qui paya un très lourd tribut.

Hosée paya régulièrement le tribut à Tiglat-Phalazar III. Cependant, à la mort de ce dernier (727), il semble avoir cessé de le faire car, avec l'appui de l'Egypte, il espérait pouvoir retrouver son indépendance. La réaction du nouveau roi d'Assyrie, Salmanazar V, se fit bientôt sentir. Après un siège de deux ans, Samarie fut prise (722), Hosée emmené en prison et 27 290 Israélites déportés « à Halah ainsi que sur le Habour, fleuve de Gozân, et dans les villes de Médie » (*2 R* 17, 4-6). Ce qui restait du royaume d'Israël fut transformé en province assyrienne (Samarie) où furent implantés un certain nombre de déportés venant d'autres régions de l'Empire assyrien (*2 R* 17, 24), spécialement à la suite de la révolte de Ya'ubidi roi de Ḥamat (720).

Ainsi la coexistence des deux royaumes hébreux ne dura qu'un peu plus de deux siècles (*c.* 930-722). Les deux royaumes furent souvent en conflit, soit dans des guerres de frontière (*c.* 930-885), soit pour établir une relation de vassalité (*c.* 800-750). C'est seulement durant la dynastie d'Omri (*c.* 881-841) que les deux royaumes furent alliés et les deux familles royales unies. Comment expliquer ces tensions après soixante-quinze ans environ d'unité ?

Quelques années après le schisme de Jéroboam, les deux royaumes n'ont plus de capitale commune, plus de temple commun, plus d'institutions politiques communes et probablement très peu d'intérêts communs. Le seul point commun qui semble rester de la période de la Monarchie unifiée est constitué par un culte, celui de YHWH, et par certaines traditions communes (légendes patriarcales et épopée de l'Exode).

Les structures politiques et sociales des deux royaumes hébreux étaient assez différentes. Malgré le schisme, le royaume de Juda *(beit David)* apparaît remarquablement stable autour de sa capitale Jérusalem. Son roi était toujours choisi dans la descendance davidique. Depuis le temps de Salomon, des fonctionnaires lévites bien formés assuraient l'administration.

Le palais royal était un bâtiment magnifique et rassemblait les ministres du roi et les hauts fonctionnaires, tandis que la gestion des biens de la Couronne assurait des revenus d'autant plus importants que le roi s'intéressait parfois lui-même à l'agriculture (surtout dans la Shephélah) et à l'élevage (surtout dans le Négeb). La défense du pays était assurée par la construction de forteresses et de places fortes dans les zones frontières, spécialement dans la Shephélah, et par l'organisation de la conscription du peuple en armes, en plus d'une armée de métier appuyée par quelques groupes de mercenaires étrangers (Kérétiens, Pélétiens, Cariens, bientôt Kittîm). La stabilité du gouvernement était assurée par quelques grandes familles de hauts fonctionnaires auxquels le roi associait ses nombreux fils, spécialement pour les responsabilités militaires (*2 Ch* 11, 22 ; 21, 3). La stabilité politique et la bonne organisation de l'administration paraissent avoir entraîné l'attachement du peuple à la dynastie davidique, sans particularisme régional exacerbé.

Deux institutions nationales contrebalançaient d'ailleurs quelque peu l'autoritarisme royal : le sacerdoce héréditaire et l'assemblée du peuple. Le temple de Jérusalem, centre religieux du royaume de Juda, était servi par un clergé nombreux. Souvent rattaché, par alliance, à la famille royale, le prêtre en chef jouait, en cas de crise, comme lors de la régence d'Athalie, un rôle politique de premier plan (*2 R* 11). C'est d'ailleurs aussi à l'occasion de crises de ce genre que se manifestait le rôle de l'assemblée du peuple du pays (*'am ha'areṣ*) : celle-ci devait rassembler les chefs traditionnels des différents clans de Juda et représenter le peuple lors de décisions importantes comme l'approbation du choix d'un nouveau roi (*2 R* 11, 14) ou une réforme sociale (*Jr* 34, 18 ; *2 R* 23, 1-2).

En un peu plus de deux siècles, le royaume d'Israël connut au moins huit coups d'Etat avec changement de la famille régnante. Les raisons de cette instabilité politique sont nombreuses et tiennent, en partie, aux conditions dans lesquelles eut lieu la révolte de Jéroboam, révolte dirigée contre un appareil étatique jugé trop lourd. Le nouvel Etat mit un certain temps à se choisir une vraie capitale et ne pouvait être un modèle d'organisation et d'administration. Renouant avec la tradition de Saül, le roi était surtout un chef militaire, vite renversé lorsqu'il essuyait une défaite. Géographiquement, le royaume d'Israël, plus étendu que celui de Juda, était aussi plus exposé, en particulier sur sa frontière nord-est (Araméens, Assyriens). Bien plus, le royaume ne disposait pas d'un véritable centre religieux et les sanctuaires étaient dispersés dans tout le royaume : Béthel, Dan, Gilgal, Samarie.

Le pouvoir royal, qui s'appuyait sur un gouvernement ayant à sa tête un maître du palais, était surtout contrebalancé par l'autorité morale et religieuse des prophètes. Ceux-ci jouaient un rôle politique très important, faisant ou défaisant les rois, tantôt s'opposant radicalement à leur politique, comme Elie face à Achab, tantôt, au contraire, la soutenant de toute leur autorité morale, comme

Elisée le fit pour Jéhu, Jôachaz et Joas. Se présentant comme la conscience d'Israël, ces prophètes se préoccupaient surtout de protéger la société israélite des influences cananéennes et étrangères. L'affrontement entre la religion israélite et les cultes cananéens fut exacerbé sous le règne d'Achab *(supra)*, et Elie, intransigeant champion du yahvisme, dut un moment s'exiler. Lors du coup d'Etat de Jéhu, les partisans du yahvisme traditionnel remportèrent une victoire décisive qui n'empêcha pas le maintien de formes religieuses très « cananéennes », aussi bien dans l'onomastique (cf. les ostraca de Samarie) que dans les rites pratiqués dans les sanctuaires qui attireront les foudres des oracles d'Amos et d'Osée.

Ne disposant pas d'une administration aussi développée que dans le royaume de Juda, le roi d'Israël était conduit à laisser une plus grande autonomie aux chefs des provinces et aux gouverneurs des villes. Le système social, avec attribution de terres aux hauts fonctionnaires et aux chefs militaires, proche du système féodal, laissait une grande place aux abus et aux excès de la classe dirigeante qui, peu à peu, s'appropriait les terres des paysans vivant généralement en autarcie et très attachés à leur patrimoine. Sous Achab et Jéroboam II, le commerce avec la Phénicie entraîna une prospérité économique indéniable, mais celle-ci profitait essentiellement aux classes dirigeantes et aux marchands. Leur luxe, spécialement dans la capitale, avait souvent son origine dans l'exploitation des paysans (*Am* 8, 4-6), et cette injustice sociale fut vigoureusement dénoncée par un prophète tel qu'Amos qui voyait dans de telles pratiques les signes avant-coureurs d'une catastrophe nationale.

Chapitre V

LA FIN DU ROYAUME DE JUDA (722-587)

Pendant environ un siècle, le royaume de Juda fut confronté à la puissance assyrienne et, mise à part la révolte d'Ezéchias qui aboutit à la campagne de Sennachérib *(infra)*, les dirigeants du royaume judéen choisirent la soumission et le statut d'Etat vassal de l'Assyrie afin de sauvegarder, autant que faire se pouvait, leur identité nationale.

Cette politique de soumission à l'Assyrie débuta sous Achaz (*c.* 735/734 - 719). Comme son père Jôtam (*c.* 749 - 739 - 735/734), Achaz comprit que la coalition anti-assyrienne était vouée à l'échec et refusa de céder aux pressions de Rezîn de Damas et de Péqaḥ d'Israël *(supra)*. La guerre syro-ephraïmite et l'intervention militaire de Tiglat-Phalazar III aboutirent à la prise de Damas en 732 ; c'est là qu'Achaz se rendit pour se reconnaître le vassal du roi assyrien (*2 R* 16, 8-10). Cette soumission politique fut accompagnée d'une certaine tolérance des cultes étrangers (*2 R* 16, 10-20). Auparavant, probablement lors du siège de Jérusalem, Achaz avait fait passer son fils par le feu (*2 R* 16, 3).

Cette attitude de soumission à l'étranger, de syncrétisme religieux et de tolérance des injustices sociales fut vigoureusement dénoncée par les prophètes Michée et Isaïe. Ces critiques sévères créèrent un climat favorable au changement de politique tenté sous Ezéchias.

Ezéchias (= Ḥizqiyahu) fut probablement désigné assez tôt, dès 727, année de la mort de Tiglat-Phalazar III, comme dauphin royal (*c.* 727-719-699). Probablement influencé à ses débuts par le prophète Isaïe, Ezéchias entreprit une réforme religieuse et administrative importante avec un double but : retour à la pureté des traditions yahvistes anciennes et unification religieuse de Juda avec la population de l'ancien royaume de Samarie.

Pour réaliser cette œuvre d'unification religieuse, Ezéchias supprima tous les lieux de culte traditionnels hormis le temple de Jérusalem, brisant les stèles et les autels, arrachant les arbres sacrés (*'ashérah*) et mettant en pièces « le serpent d'airain que Moïse avait fait » (*2 R* 18, 4). Cette réforme radicale, liée à une réorganisation des fonctions des prêtres et des lévites au temple de Jérusalem (*2 Ch* 31), fut accompagnée d'une invitation adressée aux Israélites de l'ancien royaume du Nord à venir célèbrer la Pâque à Jérusalem (*2 Ch* 30). Bien plus, pour faciliter cette réunification religieuse autour de Jérusalem, Ezéchias fit recueillir les traditions littéraires du Nord pour les fusionner avec celles de Jérusalem (cf. *Pr* 25, 1, rédaction « JE » et première rédaction du Deutéronome).

Cette réunification religieuse fut accompagnée d'une réforme administrative portant en particulier sur la collecte de la dîme en liaison avec le temple et les magasins royaux. Désormais la dîme devait être apportée au temple de Jérusalem (*2 Ch* 31, 5 s.). Du fait de cette centralisation, la collecte laissait un surplus abondant après la distribution aux prêtres et aux lévites de ce qui leur était nécessaire. Ezéchias put ainsi disposer de réserves importantes de blé, de vin et d'huile qu'il utilisa soit pour le commerce international avec la Phénicie et l'Egypte, soit pour l'intendance de l'armée en cas de guerre. C'est probablement à ces magasins royaux, dont les produits pouvaient aussi provenir des biens de la couronne, qu'il faut rattacher les jarres à estampilles royales comportant l'indication d'une ville : Hébron, Zîph, Sôkoh ou Memshat *(mmšt)*.

Durant le règne du roi d'Assyrie, Sargon II (721-705), Ezéchias continua la politique extérieure de son père Achaz, se gardant bien de participer aux diverses coalitions anti-assyriennes vouées à l'échec. C'est ainsi qu'en 712-711, la révolte d'Azuri d'Ashdod fut réprimée par le *Turtânu* (général en chef) de Sargon II et la Philistie soumise malgré la recherche de l'appui égyptien (Annales assyriennes et *Is* 20). Cependant, à la mort de Sargon II (705), Ezéchias crut l'occasion venue : malgré les mises en garde d'Isaïe, il prit la tête d'une coalition anti-assyrienne regroupant Gaza, Ashdod, Tyr, Edom et Juda soutenus par le pharaon Shabako.

Pour mieux assurer le succès de cette révolte, il se mit en relation avec Mérodak-Baladan II, en train de soulever la Babylonie avec l'appui de l'Elam (cf. *2 R* 20, 12-19). Pour en imposer aux hésitants, Ezéchias envahit la Philistie ; soulevant le peuple d'Eqrôn, il fit prisonnier son roi, Padi, qui refusait de se joindre à la coalition. A l'approche des armées assyriennes, Ezéchias se lança dans de grands travaux de fortification, spécialement à Jérusalem, creusant le réservoir et le canal de Siloé qui assuraient l'approvisionnement en eau de la ville en cas de siège (Inscription de Siloé et *2 R*, 20, 20) ; il fortifia aussi les remparts par des tours et fit fabriquer une très grande quantité d'armes (javelots, boucliers) (*2 Ch* 32, 2 ss. ; *Is* 22, 8 ss.).

Après avoir mis Mérodak-Baladan II en fuite à la bataille de Qish (704), le nouveau roi d'Assyrie, Sennachérib (704-681), entreprit de réduire la coalition anti-assyrienne dirigée par Ezéchias en une campagne rapportée par plusieurs inscriptions assyriennes (dont les bas-reliefs de la prise de Lakish), par plusieurs récits bibliques parallèles (*2 R* 18, 17-19, 36 ; *2 Ch* 32, 1-22 ; *Is* 36, 1-37, 37) et par une tradition égyptienne transmise par Hérodote (*Histoires*, II, 143).

Sennachérib s'empara d'abord des villes phéniciennes et remplaça Lulli, roi de Sidon en fuite, par Ittobaal ; les autres rois de Phénicie, ainsi que Mitinti roi d'Ashdod, Puduili roi d'Ammon, Kammusunadbi roi de Moab et Aiarammu roi d'Edom se soumirent et présentèrent le tribut à Sennachérib. Celui-ci pénétra alors en Philistie où, après avoir déporté le roi d'Ascalon, Sidqia, il battit une armée égyptienne venue au secours de la coalition dans la plaine d'Eltéqéh. Puis il s'empara d'Eqrôn, massacra ses notables et fit prisonnier une partie de ses habitants.

Sennachérib peut alors s'attaquer directement au royaume de Juda : avec le gros de son armée, il assiège Lakish, la place forte de la Shephélah, tandis qu'un détachement important s'empare de Gat et d'Azéqah et, sous la conduite du *Turtânu*, va demander à Ezéchias de se rendre (*2 R* 18, 17 ss.). Ayant peut-être accepté de libérer Padi, roi d'Eqrôn, Ezéchias, sur les conseils d'Isaïe, refuse une reddition sans condition. La délégation rapporte cette nouvelle à Sennachérib qui, après avoir pris Lakish, est en train d'assiéger Libnah. C'est alors, tandis que s'approche une armée égyptienne commandée par Taharqa, que Sennachérib se retire précipitamment de Palestine, probablement parce que la peste s'est déclarée dans son armée (cf. l' « ange de YHWH » de *2 R* 19, 35 et les « rats » d'Hérodote). Ezéchias se hâte alors d'envoyer une ambassade à Ninive pour se soumettre et paie un tribut de 30 talents d'or et 800 talents d'argent.

Malgré une issue inespérée qui laissait Jérusalem intacte, la campagne de Sennachérib (701) porta un coup terrible au royaume de Juda dont la plupart des villes furent détruites, destruction que les fouilles archéologiques ont bien mise en évidence, à Lakish en particulier. Bien plus, la partie occidentale du territoire judéen passa sous le contrôle de Mitinti d'Ashdod, Padi d'Eqrôn et Sillibel de Gaza, en récompense de leur fidélité à Sennachérib. Après avoir commencé avec les plus grands espoirs, le règne d'Ezéchias, qui mourut peut après, se terminait en catastrophe.

Le long règne de Manassé (*c.* 699-645) correspond à l'apogée de la puissance assyrienne sous Assarhaddon (680-669), puis Assurbanipal (669-630). Manassé semble être resté un fidèle vassal de l'Assyrie : en 677, après la prise de Sidon, il est mentionné parmi les 12 rois de Syrie-Palestine qui apportent le tribut. Après la terrible campagne de Sennachérib, Manassé pratiqua une politique d'apaisement intérieur, laissant en suspens la réforme religieuse d'Ezéchias et tolérant les cultes étrangers. Ce n'est vraisemblablement que vers la fin de son règne qu'il put amorcer un certain renouveau militaire et religieux (*2 Ch* 33, 14 ss.) en décrétant des mesures réformistes probablement liées à la révolte de Shamash-shum-ukîn en Babylonie, mais en 648, Babylone fut prise et Shamash-shum-ukîn périt dans l'incendie de son palais ; Manassé, soupçonné d'avoir préparé une révolte, dut s'expliquer devant Assurbanipal qui le gracia (*2 Ch* 33, 10 ss.).

Amôn, le fils de Manassé, ne régna que quelques années (*c.* 645 ?-640). Il suivit la politique de soumission à l'Assyrie et, peut-être à cause de cette attitude de soumission, fut assassiné par ses « serviteurs » (*2 R* 21, 23). L'assemblée du peuple *(ʿam ha'areṣ)* intervint alors pour châtier les coupables et fit proclamer roi le jeune fils d'Amôn, Josias (= Yoshiyahu) âgé de huit ans (640-609). Celui-ci semble avoir d'abord suivi la politique pro-assyrienne de son père. La mort d'Assurbanipal en 630 et les guerres civiles ou étrangères qui s'ensuivirent permirent bientôt au royaume de Juda d'affirmer son indépendance.

En 622, Josias reprend la réforme radicale de son ancêtre Ezéchias et promulgue le *Deutéronome* (*2 R* 22-23). Il supprime toute trace des cultes étrangers, détruit les hauts lieux et les sanctuaires autres que Jérusalem (Béthel) et appelle les Israélites du Nord à venir en pèlerinage à Jérusalem pour la Pâque (*2 Ch* 34-35). D'après certains indices, en particulier l'ostracon de Meṣad Ḥashavyahu, Josias étendit son contrôle politique sur une partie au moins de l'ancien royaume d'Israël et de la côte philistine, prenant probablement à son service des mercenaires grecs *(Kittîm)*. Cette extension du royaume judéen s'explique par l'écroulement de l'Empire assyrien et la chute de Ninive en 612. Cependant, le pharaon Nékao II (610-595) intervint pour soutenir le dernier roi assyrien, Assur-uballit II, qui résistait à Harrân contre les Babyloniens (Nabopolassar). Josias, qui ne voulait pas plus d'une renaissance assyrienne que d'un protectorat égyptien, tenta de s'opposer à l'avance de l'armée égyptienne à la passe de Mégiddo, mais il y fut tué (*2 R* 23, 29 s.). Sa mort prématurée en mai-juin 609 marque le début d'une période troublée qui aboutira à la chute de Jérusalem en 587.

A la mort de Josias, l'assemblée du peuple proclama roi son fils cadet Yehôachaz, mais celui-ci ne régna que trois mois :

> « Le pharaon Nékao le mit aux chaînes à Riblah, au pays de Ḥamat... et imposa au pays un tribut de 100 talents d'argent et 10 (?) talents d'or. Il établit comme roi Elyaqîm, fils de Josias... et changea son nom en Yehôyaqîm » (*2 R* 23, 33-34).

Pendant les premières années de son règne, Yehôyaqîm (609-598), fils aîné de Josias, reconnut la suzeraineté de l'Egypte et paya le tribut en levant un impôt spécial (*2 R*, 23, 35). L'Empire néo-babylonien prit bientôt la succession de l'Empire assyrien : en mai/juin 605, Nabuchodonozor battit les Egyptiens à Karkémish et la Syrie-Palestine tomba dans la zone d'influence babylonienne. Devenu roi, Nabuchodonozor II (604-562) entreprit plusieurs campagnes en Syrie-Palestine (prise d'Ascalon en 604) et Yehôyaqîm lui est soumis trois ans. A la suite de l'échec de Nabuchodonozor en Egypte (601-600) et malgré la réprobation du prophète Jérémie, il se révolte contre Babylone. Occupé à refaire son armée, Nabuchodonozor se contente d'abord « d'envoyer contre Yehôyaqîm des bandes de Chaldéens, des bandes d'Edomites, des bandes de Moabites et des bandes d'Ammonites » harceler le territoire judéen (*2 R* 24, 2). En décembre 598, les événements se précipitent : tandis que Nabuchodonozor rassemble ses troupes et se dirige vers la Palestine, à Jérusalem même, Yehôyaqîm meurt, peut-être assassiné, et est remplacé par son jeune fils Yehôyakîn qui ne règne que trois mois (décembre 598 - mars 597). Tandis que Nabuchodonozor laisse les Edomites s'emparer de Ramat-Négeb et de tout le Négeb (cf. les Ostraca d'Arad), lui-même marche directement sur Jérusalem. Après un siège très bref, Yehôyakîn se rend le 16 mars 597 (2 *Adar*), date précisée par la Chronique babylonienne. Yehôyakîn est déporté à Babylone avec les principaux membres de la cour, les notables et les artisans, soit environ 10 000 personnes (*2 R* 24, 10-16). Après avoir pillé les trésors du temple et du palais royal, Nabuchodonozor institue comme roi de Jérusalem un oncle de Yehôyakîn, fils de Josias, Mattanyahu qui prend le nom de Sédécias (= Sidqiyahu).

Le royaume judéen sortit très affaibli de cette révolte : le Négeb était passé sous le contrôle des Edomites et le roi légitime Yehôyakîn déporté à Babylone. Sédécias (597-587) se révéla un roi faible manipulé par les officiers qui l'entouraient. En 594, peut-être à la suite d'une révolte à Babylone et de l'avènement de Psammétique II en Egypte (*c.* 595-589), une tentative de révolte s'esquisse à Jérusalem en relation avec Edom, Moab, Ammon et la Phénicie (*Jr* 27-28), mais finalement, peut-être sous l'influence de Jérémie, Sédécias préfère envoyer une ambassade à Babylone assurer Nabuchodonozor de sa fidélité (*Jr* 51, 59 s.). Cependant, à la suite d'une expédition de Psammétique II en Palestine (*c.* 592), puis de l'avènement du pharaon Hophra (*c.* 589-570), Sédécias « se révolta contre le roi de Babylone », probablement avec l'appui des Ammonites (*2 R* 24, 20). Nabuchodonozor vint aussitôt assiéger Jérusalem (15 janvier 588), ainsi que Lakish et Azéqah dans la Shephélah (*Jr* 34, 7). L'atmosphère trouble de cette période et la division de l'opinion publique judéenne quant à l'attitude à tenir face aux Chaldéens sont assez bien connues par les ostraca de Lakish et les oracles de Jérémie. Au début de 587, l'avance d'une armée égyptienne provoque la levée momentanée du siège à la satisfaction du parti antibabylonien : la libération promise aux esclaves au moment du danger est remise à plus tard et Jérémie emprisonné (*Jr* 34, 37). Mais l'armée du pharaon Hophra est défaite et le siège de Jérusalem reprend de plus belle entraînant la famine à l'intérieur de la ville. Le 9 *Tammuz* (29 juillet 587), une brèche est ouverte dans la muraille de la ville. Sédécias tente alors une sortie de nuit vers le Jourdain et le territoire ammonite, mais les Babyloniens le font prisonnier à Jéricho.

La répression est terrible : Sédécias a les yeux crevés après avoir vu ses fils égorgés sous ses yeux, puis il est emmené prisonnier à Babylone. Nabuzaradân, chef de la garde personnelle de Nabuchodonozor, fait brûler les principaux édifices de Jérusalem : temple, palais royal (7 ou 10 *Ab* 587). Les murailles sont démolies. Ce qui reste des habitants de Jérusalem est déporté. A la tête des gens restés au pays, Nabuchodonozor place Godolias (= Gedalyahu), ancien premier ministre *('šr ʿl hbyt)* du parti probabylonien et proche de Jérémie. Ce dernier s'installe à Mizpa, environ 10 km au nord de Jérusalem. En octobre 587, Godolias est assassiné par Yishmaél, un prince du sang qui avait trouvé refuge et appui auprès de Baalis/Baalyasha roi des Ammonites. A la suite de ce coup de main, Yishmaél massacre le personnel du gouvernement de Mizpa et se replie chez les Ammonites, tandis que ceux qui réussissent à lui échapper, dont Jérémie, se réfugient en Egypte (*2 R* 25, 22-26 ; *Jr* 40-44).

La survie du royaume de Juda cent trente-cinq ans après la chute de Samarie s'explique par la plus grande stabilité intérieure et par la politique de soumission aux Empires assyriens et babyloniens. A cause de la situation internationale, toute révolte était inutile et risquait de conduire à la destruction du royaume. Ce qui arriva, de fait, en 587, faillit déjà arriver en 701, 609 et 597. La dernière révolte fut d'autant plus catastrophique qu'elle se doublait d'une instabilité intérieure, comme au moment de la chute de Samarie.

Nous ne disposons que de très peu d'informations sur la situation des Israélites en déportation ou dans les préfectures assyriennes, puis babyloniennes, de Samarie, Galaad, Mégiddo et Dor. Quelques inscriptions araméennes fragmentaires et quelques tablettes cunéiformes semblent indiquer que les documents officiels utilisés par l'administration pouvaient être rédigées en akkadien cunéiforme ou en araméen alphabétique. L'hébreu ne paraît conservé que comme langue populaire, les déportations ayant surtout frappé les classes dirigeantes.

Sous Ezéchias, la renaissance nationale n'alla pas sans une transformation des structures sociales. Comme à Samarie, la richesse tendit à se concentrer dans les mains de la classe dirigeante et cet accaparement des biens, en particulier de la terre, provoqua les protestations vigoureuses des prophètes Isaïe et Michée (*Is* 3, 14 ; 5, 8 ; *Mi* 2, 1-2).

Avec la prospérité et la mise en valeur des grands domaines royaux, Juda connut donc, vers la fin du VIIIe siècle, une tendance à la disparition de la petite propriété familiale *(naḥalâh)* rachetée par de grands propriétaires.

Ce phénomène économique s'accompagna d'un afflux de population dans les villes, afflux renforcé par les réfugiés venant de l'ancien royaume de Samarie. La capitale connut alors une expansion importante avec le développement d'un nouveau quartier, la *mishneh*, bientôt protégé par une nouvelle muraille. La centralisation de la réforme d'Ezéchias, puis de Josias, entraîna d'ailleurs une augmentation importante du nombre des fonctionnaires (lévites) vivant à Jérusalem. Cependant, la gestion des divers magasins royaux nécessitait encore la présence de fonctionnaires dans les forteresses proches de la frontière et, à Arad, les ostraca permettent de saisir la comptabilité des distributions d'un magasin royal à un groupe de mercenaires grecs *(Kittîm)* en 598/597.

Cette évolution sociale fut parfois aggravée par les méfaits de l'arbitraire royal, en particulier sous le règne de Yehôyaqîm. Les oracles de Jérémie (*Jr* 22, 13 ; 34, 16-17) laissent transparaître une situation sociale dégradée dans laquelle la classe des serviteurs-esclaves n'est plus protégée en face de l'arbitraire du roi ou des classes dirigeantes. L'accentuation du fossé entre les classes sociales permet de mieux comprendre certains aspects de l'histoire du peuple hébreu pendant et après l'Exil.

Chapitre VI

L'EXIL (587-538)

La prise de Jérusalem, la destruction du temple et le meurtre du gouverneur provisoire Godolias en 587 marquent un tournant capital dans l'histoire du peuple hébreu. Désormais, celui-ci se trouve séparé en deux : ceux qui sont restés au pays et ceux qui sont en exil sur une terre étrangère. Les uns comme les autres n'ont plus d'Etat et risquent d'être balayés de l'histoire en tant que nation particulière. Cette menace est si réelle que, durant la période de l'Exil, l'histoire du peuple hébreu reste presque totalement inconnue faute de témoignage historique contemporain.

I. — Le peuple resté au pays

Le meurtre de Godolias fut suivi par une résistance des Ammonites et des Moabites aux armées babyloniennes, résistance qui ne fut vraiment brisée qu'en 582 avec la déportation de nombreux Ammonites et Moabites ainsi que de quelques Judéens qui s'étaient joints à leur révolte (*Jr* 52, 30). Par ailleurs, après treize ans de siège, Nabuchodonozor finit par s'emparer de Tyr (*c.* 573 : *Ez* 29, 17 ; cf. 25-28).

La disparition d'une entité politique judéenne permit aux Edomites d'occuper une partie importante du royaume de Juda. Alliés des Chaldéens, les Edomites saisirent d'autant plus vite cette occasion qu'eux-mêmes subissaient la pression des tribus nord-arabes, en particulier de la Confédération de Qédar en pleine expansion. Les Edomites occupèrent ainsi la plus grande partie du Négeb dès 597. La campagne de Nabuchodonosor en 588-587, avec en particulier la prise de Lakish, leur permit ensuite d'occuper le sud de la montagne de Juda et de la Shephélah jusqu'à une ligne frontière incluant en territoire édomite les villes de Lakish, Hébron et Ein-Gédi.

Les combats meurtriers et la déportation massive ne laissèrent, sur le territoire judéen ainsi réduit, qu'un petit peuple de paysans liés à la terre dont ils tiraient leur subsistance. La quasi-totalité des villes avait été détruite ; ceux qui restaient durent retourner travailler la terre, au besoin en s'attribuant les champs de ceux qui avaient disparu comme le laisse entendre *Jr* 39, 9-10.

Après le meurtre de Godolias, les Babyloniens rattachèrent peut-être cette population dispersée dans les campagnes à la province de Samarie, recréant ainsi, paradoxalement, une certaine unité du peuple hébreu, mais dans quel état ! humilié, désorganisé, occupé et contrôlé par les Babyloniens. Le livre des *Lamentations* exprime admirablement cette détresse du peuple judéen qui n'avait plus comme point de repère que les ruines du temple sur l'emplacement duquel ils essayaient de continuer à se rassembler et à célébrer des sacrifices non sanglants : oblation et encens (cf. *Jr* 41, 5).

II. — Les exilés

Les Judéens déportés en 597, 587 et 582 représentaient l'élite de la population, ses classes dirigeantes (notables, hauts fonctionnaires) et ses ouvriers spécialisés (artisans). Le nombre des déportés de 597 semble avoir atteint un chiffre de 10 000 (*2 R* 24, 14.16) et on peut estimer le total des trois vagues à moins de 20 000 personnes, y compris les femmes et les enfants. A la différence des déportations assyriennes, ces déportés ne furent pas dispersés un peu partout, mais se trouvèrent regroupés en plusieurs camps ou villages de Babylonie. Le prophète Ezéchiel mentionne ainsi Tel-Abîb, « la colline du printemps », près du « fleuve Kebar » (*Ez* 3, 15), c'est-à-dire le *nâru kabaru*, un des grands canaux babyloniens (*Ez* 1, 1 ss.). On peut aussi mentionner « Tel-Mélaḥ, Tel-Ḥarsha, Keroub-Addan et Immer » (*Esd* 2, 59 ; *Ne* 7, 61), probablement situés au cœur de la Babylonie, non loin de Babylone et de Nippur.

Le regroupement des déportés leur permit une certaine vie communautaire. Ils pouvaient se rassembler facilement, s'organiser autour de leurs Anciens, écouter les prophètes et rester en lien, par courrier, avec ce qui se passait au pays, au moins jusqu'en 587. Leur chef légitime, le roi Yehôyakîn étant emprisonné, c'est un prophète, Ezéchiel, qui se révéla le leader spirituel des exilés, ranimant leur courage, dénonçant leurs vains espoirs d'un retournement rapide de leur situation, critiquant leurs fautes passées et les exhortant à se tourner vers YHWH mystérieusement présent au milieu d'eux (*Ez* 1). De Jérusalem, Jérémie transmettait, par lettre, un message similaire, recommandant aux exilés de ne pas prêter l'oreille à de vains espoirs, mais bien plutôt de se préparer à un exil assez long :

« Construisez des maisons et habitez-les, plantez des jardins et mangez-en les fruits, prenez femme, ayez des garçons et des filles, occupez-vous de marier vos fils et donnez vos filles en mariage pour qu'elles aient des garçons et des filles ! Soyez soucieux de la ville où je vous ai déportés et intercédez pour elle auprès de YHWH : sa prospérité est la condition de la vôtre » (*Jr* 29, 5-7).

Ces consignes très réalistes expliquent que, dès la première déportation de 597, les exilés se soient montrés entreprenants ; certains firent même fortune dans le commerce ou la haute administration. Ayant reçu une formation les rendant aptes à occuper de hautes fonctions dans le commerce ou l'administration, ou possédant un métier spécialisé recherché, la plupart des exilés trouvèrent facilement leur place dans une société et une économie en pleine évolution. Ils gardaient cependant très fort le sentiment d'appartenance nationale et espéraient retourner un jour au pays, espoir lointain entretenu par les prophètes (c'est la résurrection nationale que signifie la vision des ossements desséchés, *Ez* 37).

Ce sentiment national et cette espérance de renouveau étaient renforcés par le regroupement des exilés autour de leurs leaders : le représentant de la dynastie davidique, les « Anciens d'Israël » et les prêtres :

— Le roi Yehôyakîn, déporté en 597, était considéré comme le roi légitime ; aussi les exilés saluèrent-ils sa libération en avril 561, après l'avènement d'Awîl-Marduk, comme un signe annonciateur de renouveau national, d'autant plus que Yehôyakîn et sa famille eurent désormais leur place attitrée à la cour babylonienne (*2 R* 25, 27 ss.). C'est probablement en reconnaissance de cette libération que Yehôyakîn donna des noms babyloniens à certains de ses descendants.

— Les « Anciens d'Israël » étaient les chefs traditionnels des exilés. Ceux-ci conservaient le plus souvent leur organisation en famille élargie, clan et tribu, avec une référence particulière à leur lieu d'origine.

— Les prêtres de Jérusalem, probablement déportés dans leur quasi-totalité, se révélèrent naturellement comme les autorités religieuses dépositaires des traditions israélites. Ce n'est pas un hasard si c'est l'un d'eux, Ezéchiel, « fils du prêtre Bouzi » (*Ez* 1, 3) qui demeura, pour la postérité, le chef spirituel des exilés. N'ayant plus à s'occuper du temple et des sacrifices, les prêtres se firent les gardiens et les enseignants de la tradition israélite auprès des autres exilés. Dans ce but, ils rédigèrent une sorte de « mémento » ou de « catéchisme » : l'histoire et la loi sacerdotales. Ils insistaient particulièrement sur les rites différenciant les exilés de ceux qui les entouraient : la circoncision, les tabous alimentaires (pur et impur) et les fêtes. Les contacts avec l'astrologie babylonienne leur permirent d'ailleurs de réformer le calendrier traditionnel et de proposer un nouveau calendrier, le « calendrier sacerdotal », plus précis que le calendrier lunaire traditionnel. C'est probablement lors de cette réforme du calendrier qu'ils transposèrent la date des « sabbats », fêtes traditionnelles liées à la pleine lune et associées aux néoménies, en une fête chômée tous les sept jours s'inspirant du calendrier mésopotamien des « jours dangereux ».

Même si tous les Juifs déportés par Nabuchodonozor semblent avoir été réinstallés en Babylonie, ce pays ne fut pas la seule terre « étrangère » à accueillir des Judéens. Ceux-ci se réfugièrent aussi dans les pays limitrophes : Ammon, Moab, Edom, Phénicie, Philistie et Egypte. L'exemple des officiers rescapés du coup de main de Yishmaél (*Jr* 41, 11 ss.) montre bien comment l'Egypte, ancienne alliée, est devenue une terre d'asile, spécialement pour des militaires ayant perdu leur emploi. Des groupes judéens furent embauchés comme mercenaires dans diverses villes de garnison égyptiennes : Migdol (dans la partie orientale du Delta), Tahpanès (= Daphné), Memphis et Eléphantine (au « pays du Sud » : *Jr* 44, 1). La vie de cette dernière colonie nous est connue, un peu plus tard, par des ostraca et papyri araméens.

Le contexte international des exilés et des Judéens restés au pays changea rapidement. Après Awîl-Marduk (561-560) et Nériglissar (559-556), Nabonide (556-539) prit le pouvoir à Babylone et pratiqua une politique religieuse originale favorable au culte du dieu lunaire Sîn, ce qui suscita l'opposition des prêtres babyloniens de Marduk. Après s'être emparé de l'oasis de Teima, il resta dix ans en Arabie (*c.* 552-543) laissant à son fils Bêl-sharuṣur (= Balthazar) le gouvernement de la Babylonie. Pendant cette absence, le roi perse Cyrus prenait le pouvoir à Ecbatane (*c.* 550), puis, après avoir battu le roi de Lydie, Crésus, s'emparait de sa capitale Sardes (547/546). Revenu à Babylone, Nabonide ne put lui opposer qu'une faible résistance car le gouverneur du Gutium, Gobrias, rejoignit le camp de Cyrus et une partie de la population, soutenue par les prêtres de Marduk, accueillit Cyrus en libérateur célébré par les oracles du « Deutéro-Isaïe » (*Is* 40-55). Le 29 octobre 539, Balthazar ayant été tué et Nabonide fait prisonnier, Cyrus entrait en triomphateur dans Babylone.

CHAPITRE VII

LA RESTAURATION JUIVE DANS L'EMPIRE PERSE (538-332)

Dès 538, Cyrus promulgua un édit permettant le retour des exilés dans leur pays d'origine et ordonnant la reconstruction du temple de Jérusalem aux frais du trésor royal. Bien plus, il restituait « les objets de la Maison de Dieu en or et en argent que Nabuchodonozor avait enlevés du temple de Jérusalem et emportés à Babylone » (*Esd* 1, 2-4 ; 6, 5).

A la suite de cet édit tout à fait conforme à la politique de tolérance religieuse des Achéménides, Sheshbasar, « prince de Juda » *(nâśî')*, se vit confier les vases sacrés avec mission de rebâtir le temple. Pour mener à bien cette tâche, il semble avoir reçu le titre de *peḥâh*, « préfet » ou « gouverneur », vraisemblablement de la province de Juda (en araméen *yehûd medîneta'*, *Esd* 5, 8.14). L'identité de Sheshbasar n'est pas tout à fait assurée, mais il s'agit probablement du fils cadet de Yehôyakîn appelé Shenasar en *1 Ch* 3, 18. La mission de Sheshbasar fut un demi-échec. S'il récolta des fonds assez importants, il ne rassembla que peu d'exilés. Arrivé à Jérusalem, il posa bien les fondations du temple (*Esd* 5, 16), mais les travaux s'arrêtèrent assez vite et furent probablement totalement abandonnés à la mort de Cyrus. En effet, son successeur, Cambyse (530-522), orienta toutes les énergies disponibles vers la conquête de l'Egypte en 525.

Après la mort de Cambyse et une guerre de succession, l'avènement de Darius (521-486) semble avoir été l'occasion d'un nouveau retour d'exilés vers Jérusalem sous la direction de Zorobabel, fils de Shéaltiel fils aîné de Yehôyakîn, nommé « gouverneur de Juda », et de Josué fils de Yehôsâdâq, le grand-prêtre (*Ag* 1, 1 ; *Esd* 2, 2). Zorobabel et Josué rétablirent l'autel sur ses fondations et le déroulement normal des sacrifices et des fêtes ; puis, encouragé par les prophètes Aggée (septembre-décembre 521) et Zacharie (novembre 521 - décembre 519), témoins de l'agitation religieuse et du zèle pour le temple animant les rapatriés, ils reprirent la construction du temple (*Esd* 3). Comme le trésor royal participait à cette construction, le gouverneur de Transeuphratène fit une enquête et demanda confirmation de l'ordre de construction à Darius. Conformément à sa politique générale, Darius confirma l'édit de Cyrus (*Esd* 6, 7 s.) et les travaux avancèrent rapidement en utilisant les cèdres du Liban et la main-d'œuvre spécialisée phénicienne (*Esd* 3, 7). Bien que moins grandiose que le temple de Salomon, ce « second temple » fut terminé en février-mars 515 et inauguré à l'occasion de la Pâque de cette même année (*Esd* 6, 13-22).

La période qui suit l'inauguration du temple reste obscure. Avec la construction du temple s'était développé l'espoir d'une restauration du royaume de Juda avec, à sa tête, le descendant davidique Zorobabel et le grand-prêtre sadocide Josué (*Za* 3-4.6). Les autorités perses veillèrent probablement à ce que cette vision ne se réalisât pas. D'après des sceaux et estampilles publiées récemment, Ḥananah (ou Ḥananyah) semble avoir succédé à son père Zorobabel comme gouverneur de Juda. Cette fonction passa ensuite, probablement, à Elnatan, époux de Shelomit, fille de Zorobabel et sœur de Ḥananyah (*1 Ch* 3, 19). A partir de ce moment, la charge de « gouverneur de Juda » échappe à la lignée davidique. Les estampilles nous font encore connaître deux autres gouverneurs, Yehôézer et Aḥzay, dans la première moitié du Vᵉ siècle.

Les estampilles araméennes *yehûd* indiquent que ces gouverneurs avaient très bien organisé la collecte des impôts en nature : blé, vin et huile (cf. *Mal* 3, 8 ss.). Ces prélèvements étaient d'autant plus lourds que le gouverneur et ses serviteurs en gardaient une partie appelée « pain du gouverneur », coutume qui sera dénoncée par Néhémie (*Ne* 5, 15).

En principe, ces impôts auraient dû permettre de continuer les travaux de rénovation et de fortification de Jérusalem, mais ceux-ci, probablement au début du règne d'Artaxerxès I (464-424), furent arrêtés à la suite d'une intervention de hauts fonctionnaires de Transeuphratène, le chancelier Reḥoum et le secrétaire Shimshaï, prétextant la nécessité de prévenir une rébellion (*Esd* 4, 6-22).

Pour essayer de débloquer cette situation, Néhémie fils de Ḥakalyah, échanson du roi Artaxerxès, réussit à se faire envoyer comme gouverneur de Juda avec pleins pouvoirs pour reconstruire les murailles de Jérusalem (445) (*Ne* 1-2). Avec l'aide du grand-prêtre Elyashib et malgré les menaces des gouverneurs voisins jaloux — Sanballât (= Sinuballit) le Horonite gouverneur de Samarie, Tobyah l'Ammonite gouverneur du pays ammonite et Géshem (= Gashmou) roi arabe contrôlant le territoire édomite —, Néhémie rebâtit la muraille en cinquante-deux jours (*Ne* 6, 15). Néhémie organisa ensuite le repeuplement de Jérusalem en demandant que, des villes et villages environnants, un homme sur dix soit désigné comme volontaire pour habiter la capitale (*Ne* 7, 4 s. ; 11). On put alors procéder à l'inauguration de la nouvelle muraille (*Ne* 12, 27 ss.).

Pour apaiser le climat social alourdi par de mauvaises récoltes et la perception des impôts, le prêt à intérêt élevé entraînant très vite la vente des personnes pour dette, Néhémie fit accepter aux créanciers une remise générale des dettes et allégea quelque peu les impôts en renonçant à réclamer le « pain du gouverneur » (*Ne* 5).

Ayant été rappelé auprès d'Artaxerxès en 433, Néhémie revint à Jérusalem quelque temps après (probablement un an) et s'efforça de faire respecter la loi deutéronomique dans toute sa rigueur. Il dénonça les agissements du grand-prêtre Elyashib en faveur de son proche parent Tobyah, le gouverneur ammonite (exclu de l'assemblée israélite d'après *Dt* 23, 4) et réorganisa le service de la dîme en faveur des lévites. Il s'opposa vigoureusement au mariage avec des étrangères, pratique dont l'exemple venait de la famille du grand-prêtre dont l'un des petits-fils avait épousé la fille de Sanballât le Horonite, gouverneur de Samarie (ce dernier était considéré comme un « Ashdodite » et donc un *mamzér*, « bâtard, enfant d'un mariage interdit, spécialement avec un étranger ou une étrangère », d'après *Za* 9, 6 et *Dt* 23, 3). Il imposa aussi le respect du sabbat en fermant les portes de Jérusalem afin d'empêcher tout commerce ce jour-là (*Ne* 13 ; cf. *Dt* 5, 12-15).

La fin du gouvernorat de Néhémie et l'histoire postérieure restent obscures. Par le papyrus 30 d'Eléphantine, nous apprenons que le « gouverneur de Judée », en 407, s'appelait Bagohî (ou Bagoas), car c'est à lui que font appel « Yedonyah et ses collègues, les prêtres d'Eléphantine la forteresse ». L'échange de correspondance liée à l'affaire de la destruction du temple d'Eléphantine *(infra)* nous apprend aussi que le grand-prêtre de Jérusalem s'appelait Yehôḥanan (cf. *Ne* 12, 22), tandis que le gouverneur de Samarie était Delayah, fils de Sanballât. Toute cette correspondance avec les autorités civiles et religieuses de Judée et de Samarie est très révélatrice des problèmes que posait l'existence de coutumes juives divergentes, en particulier pour le culte, le calendrier et les sacrifices.

C'est dans ce contexte que se situe la mission d'Esdras. La date de cette mission reste discutée : certains pensent à la septième année (*Esd* 7, 8) du roi Artaxerxès I Longuemain (464-424), soit 458, d'autres à la septième année d'Artaxerxès II Mnémon (404-359), soit 398. Cette dernière date semble la plus vraisemblable. En effet, les Mémoires de Néhémie et le Rapport d'Esdras étaient primitivement distincts et le contexte général, ainsi que de multiples détails, semblent bien indiquer que la mission d'Esdras fut postérieure au gouvernorat de Néhémie.

Selon la terminologie officielle du firman d'Artaxerxès authentifiant sa mission, le « prêtre Esdras » était « scribe de la Loi du Dieu des cieux » (*Esd* 7, 12), et c'est en tant que prêtre spécialisé dans les textes de la tradition juive qu'Artaxerxès fit appel à lui pour rassembler, harmoniser et unifier les diverses traditions concernant, en particulier, le culte. Désormais, les autorités perses disposeraient d'une référence écrite officielle dans leurs relations avec la communauté juive aussi bien en Palestine qu'en Babylonie et dans tout l'Empire perse. Une telle mission est tout à fait conforme à la politique générale des autorités perses et a un parallèle exact dans l'attitude de Darius vis-à-vis des traditions religieuses égyptiennes. La tâche était d'autant plus urgente qu'Artaxerxès souhaitait pouvoir s'appuyer sur une population stable et fidèle en Palestine après que l'Egypte fût redevenue indépendante en 401 et que l'Empire perse eût dévoilé sa faiblesse lors de la fameuse marche des « dix mille » Grecs.

Quel était le contenu exact de la « loi *(dâtâ')* du Dieu des cieux » qu'Esdras était chargé de promulguer comme ayant valeur même au plan civil (*Esd* 7, 26) ? Il s'agissait vraisemblablement du *Pentateuque* actuel (les cinq premiers livres de la Bible appelés aussi *Tôrâh*) unifié par la rédaction sacerdotale qui a harmonisé les traditions plus anciennes *(J, E, JE, Dt)* avec le code et, surtout, le calendrier sacerdotaux.

Pour mieux réussir sa délicate mission d'unification juridique, Esdras se fit accompagner d'un nombre important de rapatriés, en particulier de prêtres et de lévites. Il apporta aussi avec lui 650 mines (?) d'argent et 100 mines (?) d'or, ainsi que des objets précieux (*Esd* 8). Accueilli favorablement grâce à son entourage et ses cadeaux, Esdras promulgua la nouvelle Loi au cours d'une assemblée solennelle le premier jour du septième mois, c'est-à-dire à la fête du « premier de l'an » *(rosh hashânâh)*. Le peuple célébra ensuite la fête des Tentes (*Ne* 8). Il fallut bientôt passer à l'application concrète de la Loi : après un jeûne de confession des péchés, il fut décidé de procéder au renvoi des « femmes étrangères », ce qui fut fait clan par clan, sous la surveillance des chefs traditionnels (*Esd* 9-10). Bien que les textes bibliques ne racontent pas la fin de la mission de cette sorte de « ministre d'Etat chargé des Affaires juives » qu'était Esdras, celle-ci semble avoir été une réussite puisque la « Loi du Dieu des cieux » fut acceptée dans les provinces de Judée et de Samarie, comme le confirme la place ultérieure du *Pentateuque* dans la tradition juive et samaritaine.

La fin de la période perse en Palestine reste très obscure. A la fin du long règne d'Artaxerxès II Mnémon (404-359), le contexte international évolua rapidement et fut d'abord marqué par la révolte des satrapes de l'Ouest avec l'appui de l'Egypte (367 ss.). Artaxerxès III Ochus (359-338) réussit à reprendre le contrôle des satrapies occidentales, mais échoua en Egypte (351-350), ce qui provoqua une révolte phénicienne dirigée par Tennès, roi de Sidon. Cette révolte fut sauvagement réprimée : Artaxerxès III brûla Sidon et la plupart de ses habitants (345). Bientôt l'Egypte fut à nouveau rattachée à l'Empire perse (343/342), mais Artaxerxès mourut empoisonné quelques années après et son successeur, Arsès (338-336), subit le même sort. Le pouvoir revint au descendant d'un frère d'Artaxerxès III, Darius III Codoman (336-331) qui, dès 336, dut affronter les armées d'Alexandre le Grand (336-323). Après avoir battu le gros de l'armée perse à Issos en 333, Alexandre assiégea Tyr qui fut réduite après un siège de sept mois (décembre 333 - juillet 332). C'est probablement pendant ce siège qu'il prit possession de la Samarie et de la Judée (332).

Pour la Palestine, la domination perse peut être considérée globalement comme une période de paix qui entraîna une prospérité croissante dont témoignent les découvertes archéologiques. Le territoire judéen connut un développement démographique assez important. A la croissance normale de la population restée sur place, venaient, en effet, s'ajouter les divers groupes d'exilés rapatriés en plusieurs vagues successives. Du fait de leur richesse et de leur statut social, la plupart des rapatriés se sont probablement installés dans les villes, particulièrement à Jérusalem et dans ses environs immédiats. Le recensement de la province de Judée, rapporté en *Esd* 2, 1 ss. et *Ne* 7, 6 ss. pourrait correspondre à un recensement réel effectué sous le gouvernorat de Néhémie. D'après les noms des villages mentionnés, la province de Judée ne représentait qu'une mince bande de territoire autour de Jérusalem, depuis Jéricho à l'est jusqu'à Lod et Ono à l'ouest (?), et depuis Bethléem et Nétopha au sud jusqu'à Béthel et Aï au nord, avec une population assez vraisemblable d'environ 50 000 habitants.

D'après *Ne* 3, 9.12-18, la province de Judée était divisée en secteurs ou cantons fournissant la corvée *(pèlèk)*, tandis qu'à l'échelon administratif supérieur, depuis Darius, elle était rattachée à la « cinquième » satrapie transeuphratène *('abar-naharâ')*. Les estampilles araméennes *yehûd (yh, yhd* ou *yhwd)*, avec ou sans nom propre *(ḥnnh, 'wryw)* suivi ou non du titre de gouverneur *(pḥw')*, sont probablement à rattacher aux impôts en nature prélevés par l'administration provinciale, tandis que les estampilles comportant seulement le nom du gouverneur pourraient indiquer la partie réservée au gouverneur lui-même ou « pain du gouverneur ». Si le gouvernement perse était tolérant et respectueux des coutumes religieuses nationales, il était, par contre, très strict quant au paiement des impôts. Le gouverneur de chaque province devait remettre chaque année une somme fixe au gouvernement central. En retour, le trésor royal aidait au financement des grands travaux publics, en particulier, à la reconstruction du temple. Cette protection du culte national renforçait le prestige du grand-prêtre sadocide de Jérusalem. Ce dernier, après l'éloignement de la dynastie davidique de la charge de gouverneur, apparaissait comme le seul représentant légitime des traditions nationales et son rôle politico-religieux était renforcé par ses alliances matrimoniales avec les familles des gouverneurs des provinces voisines.

L'araméen étant la langue officielle de l'administration perse dans les provinces de l'Ouest, l'écriture et la langue araméennes progressèrent d'autant plus rapidement dans la province de Judée que l'administration y était aux mains des rapatriés venant de Babylonie pour lesquels l'araméen devait être la langue usuelle. Les inscriptions de cette période, en particulier les ostraca, sont écrits en araméen et l'écriture paléo-hébraïque, aussi bien en Judée qu'en Samarie, ne se rencontre plus que sur quelques sceaux. Cependant, la langue hébraïque devait continuer à être parlée par le petit peuple des villages. De plus, l'écriture hébraïque continuait à être utilisée pour la copie des textes anciens. C'est probablement seulement à la suite de la mission d'Esdras en 398, et pour faciliter la lecture de la Loi aux fonctionnaires de l'Empire perse, que l'on commença à utiliser l'écriture araméenne pour copier les textes bibliques, écriture qu'on appellera plus tard « hébreu carré ».

La distinction linguistique recouvrait en partie

une différence de classe sociale. Les rapatriés, plus ou moins aramaïsés, méprisaient et parfois exploitaient (cf. *Ne* 5, 15) le petit peuple resté au pays, ainsi que la population samaritaine suspecte d'être d'origine mélangée. Ces tensions sociales furent particulièrement vives lors du gouvernorat de Néhémie. Cependant, l'opposition Judéens-Samaritains ne doit pas être exagérée : à cette époque, aussi bien les lettres d'Eléphantine que l'adoption du Pentateuque comme loi dans la province de Samarie montrent que les deux populations avaient le net sentiment de faire partie de la même communauté ethno-religieuse, l'obéissance à la même Loi s'ajoutant désormais au critère d'appartenance à un clan ou à une tribu israélite.

C'est aussi au IVe siècle qu'apparaissent les premières monnaies, drachmes et divisionnaires d'argent, frappées en Judée et en Samarie. Ces deux monnayages d'usage local manifestent le début du passage à l'économie monétaire.

Malgré les vagues successives de rapatriés, un nombre important de descendants d'exilés restèrent en Babylonie où ils jouaient un rôle économique non négligeable comme le montrent les archives de l'entreprise *Murashu* de Nippur. Le choix et les missions de Néhémie et d'Esdras montrent bien que certains Juifs occupaient de hautes fonctions à la cour perse, tout en restant en relation avec la Palestine. Dans ces conditions, il n'est pas étonnant que ce soit en Babylonie, sous la direction des milieux sacerdotaux, que se réalisa la fusion des diverses traditions du *Pentateuque* en un seul document, la Loi, assurant l'unité et l'identité du peuple juif en Palestine et dans la Diaspora.

Après la Babylonie, c'est probablement l'Egypte qui rassemblait le plus grand nombre d'exilés, en particulier la basse Egypte (cf. *Is* 19, 16-25). Pour la haute Egypte nous avons le témoignage exceptionnel de la communauté des mercenaires juifs d'Eléphantine dont les ostraca et les papyri du ve siècle (514 à 398) font saisir les problèmes très concrets de leur vie quotidienne : nourriture, achat, vente, mariage, divorce... Dès « le temps des rois d'Egypte » (VIIe-VIe siècle), cette communauté bâtit un temple dédié à *Yahô* dans lequel elle célébrait les sacrifices. En 410, ce temple fut mis à sac et détruit par les Egyptiens, lors d'une émeute. Ayant écrit aux gouverneurs de Judée et de Samarie (Bagôhî et Dalayah fils de Sanballât) pour leur demander leur appui, ceux-ci répondirent favorablement en 407. Ils spécifièrent cependant qu'on n'offrirait désormais sur l'autel que l'oblation et l'encens, les sacrifices sanglants étant probablement réservés au temple de Jérusalem.

L'importance des communautés juives de Babylonie et d'Egypte ne doit pas faire oublier les autres Juifs dispersés un peu partout dans l'Empire perse, ainsi à Sardes en Asie mineure (*Abdias* 20) et à Kition (Chypre) comme nous l'apprennent des inscriptions phéniciennes.

CHAPITRE VIII

LE PEUPLE HÉBREU ET LES EMPIRES HELLÉNISTIQUES (332-142)

I. — Alexandre et les guerres des Diadoques (332-281)

Les deux provinces de Samarie et de Judée semblent s'être rapidement ralliées à Alexandre le Grand. D'après Flavius Josèphe (*AJ*, XI, 321 ss.), le gouverneur de Samarie, Sanballât (III ?), présenta sa soumission à Alexandre lors du siège de Tyr : il obtint ainsi la permission de construire un temple sur le mont Garizim (construction peut-être déjà commencée sous Darius III) en faveur de son gendre Manassé, frère du grand-prêtre juif de Jérusalem Yaddoua. En retour, 8 000 Samaritains s'engageaient dans l'armée macédonienne qui se dirigeait vers l'Egypte. L'attitude de la province de Judée reste plus obscure. Flavius Josèphe rapporte bien une rencontre entre le grand-prêtre Yaddoua et Alexandre, mais il ne mentionne même pas le nom du gouverneur de Jérusalem, ce qui, avec d'autres indices légendaires, peut faire douter de l'historicité du récit.

Après la prise de Gaza, Alexandre pénètre en

Egypte où il se présente comme de descendance divine, à l'égal des anciens pharaons. Après avoir laissé les mercenaires samaritains en Thébaïde (*AJ*, XI, 345), il revint en Syrie-Palestine au printemps 331. Pendant son absence, il avait confié la direction de la Syrie-Palestine à son général Parménion. Sanballât étant probablement mort au tout début de 331 (XI, 325), Parménion semble avoir alors nommé Andromachos gouverneur grec de Samarie ou, peut-être, de Coelé-Syrie (Quinte-Curce, *Histoires*, IV, 5). Cette nomination fut très mal accueillie par les Samaritains qui s'emparèrent d'Andromachos et le brûlèrent vif.

Dès son retour d'Egypte, Alexandre marcha sur Samarie et, après avoir châtié les assassins du préfet, « il mit Memnon à la place d'Andromachos » (IV, 8). Ces événements tragiques sont aujourd'hui illustrés par les papyri araméens trouvés dans une grotte du Wadi Daliyêh où s'étaient réfugiés un certain nombre de notables de Samarie, avec leurs familles et leurs archives, à l'approche d'Alexandre de retour d'Egypte. Les représailles macédoniennes contre Samarie et la construction du temple sur le mont Garizim expliquent la renaissance de Sichem au début de l'époque hellénistique.

Après une expédition prodigieuse qui le conduisit sur les rives de l'Indus, Alexandre meurt en Babylonie, à 33 ans (323). Sa mort est suivie d'une période de guerre civile entre ses anciens généraux qui prétendent à sa succession, ce qu'on appelle les guerres des Diadoques (323-281).

En tant que régent, Perdiccas tente d'abord de s'opposer au satrape d'Egypte, Ptolémée fils de Lagus en révolte, mais il est battu et assassiné en 321. C'est probablement lors de cette campagne vers l'Egypte que Perdiccas fortifia Samarie et y établit une garnison macédonienne. Quelque temps après, Ptolémée s'emparaît de Jérusalem prise un jour de sabbat

(*AJ*, XII, 4) et de Tyr. Il déporta un nombre important de prisonniers judéens et samaritains en Egypte, accompagnés d'exilés plus ou moins volontaires comme Ezéchias auquel Hécatée, cité par Flavius Josèphe (*Contre Apion*, I, 187), donne le titre de « grand-prêtre », mais qu'il faut peut-être identifier avec « Yeḥèzqyah le gouverneur » (*yḥzqyh hpḥh)* des monnaies. Dès lors, la Palestine tombe dans la zone d'influence de Ptolémée Ier Sôter, influence qui restera partielle jusqu'en 286.

II. — La Palestine sous les Lagides (*c.* 285-200)

Pendant près d'un siècle, la Palestine resta au pouvoir des Lagides, mais ce pouvoir fut souvent discuté par les Séleucides d'Antioche lors des premières « guerres syriennes » (267 ss.). Cependant, à la paix de 241, la Coelé-Syrie restait à l'Egypte. Cette paix entraîna la prospérité de l'Egypte lagide et le règne de Ptolémée III peut être considéré comme l'apogée de la civilisation alexandrine.

Malgré la prise de Jérusalem et la déportation d'un certain nombre de Juifs et de Samaritains sous Ptolémée Ier *(supra)*, la domination lagide en Palestine semble avoir été généralement une époque de prospérité. Il n'y avait plus un seul homme, mais plusieurs à la tête de chaque région : le *stratégos* pour les affaires politiques et militaires, le *dioikétès* pour l'administration royale et les *oikonomoi* pour les impôts et les intérêts personnels du roi, ces hommes étant directement contrôlés par le gouvernement central d'Alexandrie. Chaque province devient alors une *hyparchie* dont le nom se termine souvent en *-itis (Ammanitis*, *Samareitis*, *Galaaditis)*, elle-même divisée en *nomes*. A l'exemple d'Alexandre, les Lagides, comme les Séleucides, fondèrent ou refondèrent des villes sur le modèle de la *polis* grecque : ainsi Ptolémaïs (Akko), Scythopolis (Beth-Shéan), Marisa (Marésha), Philadelphie (Rabbat-Ammon).

Cette hellénisation par brassage de la population

semble avoir été moins forte à Jérusalem où le grand-prêtre était désormais la seule autorité représentative de la tradition juive. Par diverses indications de Flavius Josèphe, on peut essayer de reconstituer la succession de ces grands-prêtres :

— Onias Ier, successeur de Yaddoua, après la mort d'Alexandre (*AJ*, XI, 347) et contemporain d'Aréios Ier de Sparte (309-265) (*1 M* 12, 19-23) ;
— Simon Ier, fils d'Onias Ier, à l'époque de Ptolémée Ier (*AJ*, XII, 44) ;
— Manassé, oncle d'Eléazar (*AJ*, XII, 157) ;
— Onias II, fils de Simon Ier, à l'époque d'Antiochus III et de Ptolémée III et IV ;
— Simon II (« le juste » ?), fils d'Onias II, à l'époque de Ptolémée V et d'Antiochus III (*AJ*, XII, 224 ; *Si* 50, 1 ss) ;
— Onias III, fils de Simon II, à l'époque de Séleucus IV (*2 M* 3, 1-3).

L'histoire, parfois légendaire, de Joseph le Tobiade (*AJ*, XII, 160 ss.), en partie confirmée par les papyri de Zénon, révèle que le grand-prêtre versait aux Lagides un tribut annuel de 20 (?) talents, tandis que le fermier général de Coelé-Syrie, qui obtenait cette charge en l'emportant aux enchères à Alexandrie, remettait chaque année aux Lagides une somme plus importante. Il faut, peut-être, rattacher les estampilles paléo-hébraïques *yhd ṭ* à cette collecte des impôts royaux, tandis que les estampilles *yršlm* pourraient avoir été liées aux dîmes sacerdotales. Des trouvailles récentes semblent révéler l'existence d'un atelier judéen de monnayage dès le début de l'époque lagide, continuant celui de l'époque perse. D'après ces monnaies et ces estampilles, après la chute de l'Empire perse, l'araméen cesse d'être la langue officielle de l'administration : les documents administratifs peuvent aussi bien être écrits en grec, pour les relations avec le gouvernement central, ou en hébreu, pour un usage local.

Nos sources restent pratiquement muettes sur la situation de la Samarie à l'époque des Lagides. Conformément à l'accord d'Alexandre (*supra*), Manassé, gendre de Sanballât et frère de Yaddoua, semble s'être construit un temple sur le mont Garizim. En devenant grand-prêtre du Garizim, Manassé rattachait le sacerdoce de ce temple à la descendance sadocide.

Au IVe-IIIe siècle, la diaspora juive se développe dans tout l'Empire hellénistique, en particulier à l'occasion des fondations de nouvelles villes : ainsi à Antioche et Ephèse (*Contre Apion*, II, 39). Dans ces deux villes, et au moins à partir d'Antiochus III, les Juifs semblent avoir joui du droit de citoyenneté à l'égal des Grecs. Des stèles funéraires trouvées récemment à Kition attestent l'existence des Juifs mêlés aux Phéniciens à Chypre dès le IVe-IIIe siècle. Cependant, à l'époque Lagide, la plus importante communauté juive semble être celle d'Egypte, en particulier à Alexandrie et dans les places fortes du Delta et de Cyrénaïque (*Contre Apion*, II, 44), ceci à la suite de la campagne de Ptolémée Ier en Palestine (*c.* 319). Son successeur Ptolémée II Philadelphe semble avoir eu une attitude favorable vis-à-vis des Juifs dont il voulait s'assurer la fidélité. Par un édit spécial, il rendit la liberté aux prisonniers juifs employés dans l'armée ou chez des particuliers. Bien plus, dans le cadre de sa politique culturelle et scientifique en faveur du Muséum et de la Bibliothèque d'Alexandrie, il tint, semble-t-il, à ce que ces organismes officiels disposassent d'une traduction grecque de la Loi et des divers livres sacrés juifs, traduction appelée traditionnellement « la Septante » (*Contre Apion*, II, 45-47 ; *Lettre d'Aristée à Philocrate*, *AJ*, XII, 11-118). Cette traduction joua un rôle très important dans le judaïsme hellénistique. Comme l'emploi du grec se répandait parmi les Juifs de la Diaspora et que l'hébreu et l'araméen régressaient, la Septante fut utilisée dans la lecture publique des Ecritures lors des assemblées juives sabbatiques.

A la mort de Ptolémée III, la quatrième et la cinquième « guerres syriennes » opposent ses successeurs Ptolémée IV Philomator (222-205) et Ptolémée V Epiphane (204-180) à Antiochus III le Grand (223-187). Finalement, à la suite de la bataille de Panéion (200), aux sources du Jourdain, Antiochus III occupe définitivement toute la Coelé-Syrie, y compris la Samarie et Jérusalem où les Juifs l'aident à s'emparer de la citadelle encore aux mains des troupes lagides (*AJ*, XII, 133).

La Palestine sortit épuisée de cette série de guerres durant lesquelles elle était ballottée d'un camp dans l'autre et dévastée à chaque passage des armées. Sa conquête par Antiochus III y répandit l'emploi de l'ère des Séleucides, commençant en 311 avant notre ère, pour tous les actes officiels.

III. — La Palestine sous les Séleucides (200-167)

Après les destructions, il fallut reconstruire. Antiochus III se montrait d'autant plus généreux pour aider cette reconstruction que la ville ou le pays avait mis plus d'empressement à se rallier à lui. A la suite du ralliement des Juifs à Jérusalem, il décréta une contribution royale importante aux sacrifices du temple et facilita l'importation du bois du Liban et des autres matériaux nécessaires à la restauration du temple, exemptés de taxes. Surtout il confirma la validité de la Loi pour les Juifs, exempta le Sénat, les prêtres et le personnel du temple de la capitation, de l'impôt coronaire et de l'impôt du sel. Pour faciliter le repeuplement de la ville, il décréta aussi que les habitants actuels, ou qui viendraient dans un délai très court, seraient exemptés d'impôts pendant trois ans, et, ensuite, du tiers de leurs impôts. Enfin, les habitants qui avaient été réduits en esclavage devaient être libérés avec restitution de leurs biens (*AJ*, XII, 138-144).

A la suite de ce décret qui atteste le rôle politique du Sénat ou Conseil des Anciens *(gérousia)*, Jérusalem se releva rapidement de ses ruines. Le temple, admirablement restauré sous la direction de Simon II, redevint le centre d'un culte majestueux qui enthousiasmait Jésus fils de Sira (*Si* 50, 1-5).

Le livre d'instruction du Siracide constitue un témoignage important sur la vie quotidienne de Jérusalem vers 200-175 et le style de l'éducation traditionnelle donnée aux fils de notables dans les écoles *(bêyt-midrash)* de cette ville. Comme l'édit d'Antiochus III, le Siracide confirme le rôle politique joué par les notables, membres du Conseil ou de l'Assemblée *(gérousia)* dirigeant la ville et le pays, tandis qu'il fait référence aux divers métiers : agriculteurs, éleveurs, menuisiers-charpentiers, forgerons, potiers, graveurs de sceaux... (*Si* 38, 24 ss.). Ce livre en honneur dans les milieux sadocides (*Si* 51, 12 *i*) laisse d'ailleurs transparaître une société dans laquelle les dirigeants, qui possèdent l'instruction, méprisent quelque peu les métiers manuels et profitent de leur position pour s'enrichir (*Si* 51, 28).

La politique pro-juive d'Antiochus III semble s'être étendue à la Diaspora comme l'indique la lettre d'Antiochus à Zeuxis, gouverneur de Babylonie, chargé de déporter 2 000 familles juives en Lydie et Phrygie pour assurer la fidélité politique de cette région après la révolte d'Achaeus (*c.* 213). Les Juifs, appelés à s'installer dans les forteresses et à servir dans l'administration, devaient disposer d'une maison et de terres, pouvaient vivre selon leur Loi et étaient exemptés d'impôts pour dix ans. Ce décret explique l'importance ultérieure de la Diaspora juive en Asie mineure (*AJ*, XII, 147 ss.).

Après sa conquête de la Coelé-Syrie, Antiochus s'allia aux Lagides en mariant sa fille Cléopâtre avec le jeune roi Ptolémée V Epiphane (204-180) (cf. *Dn* 11, 17). Il essaie alors de s'opposer à l'expansion romaine en Grèce et en Macédoine, mais il est défait à Magnésie du Sipyle dans la région de Smyrne. Les conditions de la paix dictées à Sardes par Scipion l'Africain et signée à Apamée en Phrygie (188) furent très dures : Antiochus dut évacuer toute l'Asie mineure à l'ouest du Taurus et verser de très lourdes indemnités de guerre réparties sur douze ans. Cette énorme dette poussa Antiochus III à une campagne en Susiane afin d'en piller les temples. Il trouva une mort peu glorieuse au temple d'Anaïtis dans la région d'Ecbatane (juillet 187).

Le règne de Séleucus IV Philopator (187-175) fut dominé par les problèmes financiers liés à la dette à verser aux Romains. C'est dans ce contexte économique que se situe l'histoire d'Héliodore racontée en *2 M* 3. Sur les instigations d'un certain Simon, prévôt du temple auquel le grand-prêtre Onias III refusa l'agoranomie, Séleucus IV envoya son premier ministre Héliodore inspecter et confisquer le trésor du temple de Jérusalem. Onias III refusa d'autant plus catégoriquement cette réquisition que, outre les dépôts du petit peuple, le trésor du temple comprenait la fortune de son parent, le tobiade Hyrcan, pro-lagide retranché dans sa forteresse d'Araq el-Emir en Transjordanie, d'où il contrôla le pays environnant pendant sept ans (*c.* 181-174) (*AJ*, XII, 230 ss.). Héliodore voulut passer outre à ce refus, mais il en fut mystérieusement empêché, peut-être à la suite d'une machination du grand-prêtre comme le prétendit Simon. Héliodore semble s'être finalement entendu avec Onias III afin de renverser Séleucus IV qu'il assassina en 175.

Le fils de Séleucus IV, Démétrius, étant gardé comme otage à Rome, le frère de Séleucus, Antiochus IV Epiphane, prit le pouvoir à Antioche (175 - 164/163). Onias III, encore présent à Antioche, est alors supplanté par son frère Jason (= Yéshoua) qui promit de grosses sommes d'argent sous la condition que le roi le soutienne dans sa politique d'hellénisation de la Judée. Jérusalem devint ainsi, pour quelques années, une cité hellénistique rebaptisée « Antioche » en l'honneur d'Antiochus IV. Le décret d'Antiochus III accordant aux Juifs le respect de leur Loi et l'exemption de taxes *(supra)* fut aboli. Jason fit construire un gymnase au pied de l'Acropole de Jérusalem et envoya même des délégations juives aux jeux quadriennaux de Tyr (*2 M* 4, 7-20). A la suite du mariage de Ptolémée VI Philométor avec Cléopâtre II (*c.* 174) et des bruits sur la préparation d'une attaque contre la Coelé-Syrie, Antiochus IV inspecta les places fortes de sa frontière sud, en particulier Joppé et Jérusalem où il fut magnifiquement accueilli par Jason (*2 M* 4, 21 s.) dont le pontificat dura trois ans (*c.* 174-171).

Profitant d'une mission à Antioche, Ménélas, frère de Simon le prévôt du temple, se fit accorder l'investiture pontificale « en offrant 300 talents de plus » que Jason (*2 M* 4, 24) qui se réfugia en Ammanitide. Ménélas eut bientôt un différend avec Sostrate commandant *(éparque)* de l'Acropole : ils allèrent tous les deux s'expliquer devant la Cour d'Antioche. Pour se procurer les fonds nécessaires à la défense de sa cause, Ménélas vendit des vases sacrés du temple, scandale qui fut dénoncé par Onias III à Antioche. Profitant de l'absence d'Antiochus IV, Ménélas soudoya alors Andronique, lieutenant provisoire du royaume, pour qu'il supprime Onias. Andronique fit sortir Onias III du temple d'Apollon à Daphné près d'Antioche, qui lui servait de lieu de refuge, et le mit à mort dès sa sortie. Ce crime ne resta pas impuni : à son retour, Antiochus IV fit exécuter Andronique (170) (*2 M* 4, 27-38). Dès son retour, Ménélas fut attaqué en justice par le Conseil des Anciens *(gérousia)* ; le procès fut porté devant Antiochus IV alors à Tyr. Soutenu par le gouverneur de Coelé-Syrie, Ménélas l'emporta et les trois délégués du Conseil des Anciens furent mis à mort.

Pendant la campagne d'Antiochus IV en Egypte (170/169) et sur une fausse rumeur de sa mort,

Jason s'empare de Jérusalem et s'y livre à des massacres d'opposants, tandis que Ménélas se réfugie dans l'Acropole. Apprenant cette révolte, Antiochus IV quitte l'Egypte et marche sur Jérusalem. A son approche, Jason s'enfuit et mourra un peu plus tard, en exil, à Sparte. Antiochus massacre une partie de la population de Jérusalem (automne 169), pénètre dans le sanctuaire guidé par Ménélas et s'empare du trésor du temple et des vases sacrés. Puis il s'en va après avoir nommé Philippe préfet de Jérusalem et Andronique préfet de Samarie (*2 M* 5).

Lors d'une deuxième campagne en Egypte, au printemps 168, après quelques succès, Antiochus est obligé de se retirer devant les menaces de déclaration de guerre du général romain Popillius Laenas (cf. *Dn* 11, 29 s.). A son retour, Antiochus décrète une hellénisation systématique de la Judée et de la Samarie et envoie le mysarque Apollonius avec 22 000 hommes (167). Celui-ci profite d'une prise d'armes le jour du sabbat pour massacrer les spectateurs. Jérusalem est pillée. Ceux qui ne réussissent pas à fuir sont emmenés prisonniers. L'enceinte de la ville est démantelée, tandis qu'on bâtit une citadelle (Akra) pour la garnison séleucide. Après cette liquidation de la Jérusalem israélite, l'Athénien Géronte, délégué royal, impose l'hellénisation du culte et des mœurs aussi bien à Jérusalem qu'en Samarie. Le temple de Jérusalem est dédié à Zeus Olympien et celui du mont Garizim à Zeus hospitalier. En décembre 167, on inaugure un autel païen dans le temple (l' « abomination de la désolation ») en célébrant des sacrifices païens, en particulier des sacrifices de porcs, et les fêtes dionysiaques. La mort est décrétée contre quiconque observerait les coutumes israélites : sabbat, circoncision, tabous alimentaires (*1 M* 1, 41-53 ; *2 M* 6, 1-9). Les livres de la Loi sont déchirés et brûlés (*1 M* 1, 56).

Cette hellénisation systématique fut, en partie, acceptée, en partie, tournée habilement par les Samaritains qui demandèrent à ne pas y être soumis, car ils étaient des « Sidoniens à Sichem », ce qui leur fut accordé par Antiochus en 166 (*AJ*, XII, 257 ss.). Les décrets anti-israélites semblent avoir été appliqués sans trop d'opposition en Galilée et en Galaad où l'importance des villes hellénistiques avait déjà entraîné une certaine hellénisation par symbiose. L'accueil de ces décrets fut beaucoup plus réservé en Judée et à Jérusalem : sans doute, beaucoup de notables et de dignitaires, déjà éduqués à la grecque, se soumirent-ils aux décrets (cf. *Dn* 9, 27 ; 11, 32 ; *1 M* 1, 43-52) ; d'autres préférèrent s'exiler, spécialement en Egypte, tel le prêtre Onias IV (*infra*). Beaucoup de gens du peuple acceptèrent par force, pour survivre ; d'autres se retirèrent à la campagne ou se cachèrent dans des grottes pour observer la Loi en secret (*1 M* 1, 53), mais la police royale avec ses inspecteurs (*episcopoi*) veillait et il y avait des dénonciateurs ; un certain nombre de Juifs furent arrêtés et exécutés (*2 M* 6, 8-7, 42) ; d'autres enfin se révoltèrent et prirent le maquis.

IV. — La révolte maccabéenne (167-142)

Avec ses cinq fils, Mattathias l'Hasmonéen, prêtre de la descendance de Yôarib, refusa de sacrifier devant les envoyés du roi, à Modîn. En égorgeant un Juif qui allait célébrer un sacrifice païen et en tuant l'envoyé du roi, il donna le signal de la révolte et prit le maquis (*1 M* 2). D'autres Juifs ayant été massacrés parce qu'ils refusaient de se défendre un jour de sabbat (*1 M* 2, 29-35 ; cf. *2 M* 6, 11), Mattathias se fit le champion de la lutte armée, même le sabbat. Il rassembla autour de lui ceux qui voulaient rester « fidèles » (*Assidaioi* = *Ḥasidîm*

1 M 2, 42) à la foi et à la Loi de leurs pères, soit près de 6 000 hommes dont le zèle religieux fut encouragé par le livre de *Daniel*. Ces « partisans » renversaient les autels païens, circoncisaient de force les enfants et brûlaient les villages passés à l'hellénisme.

A la mort de Mattathias (166/165) son fils aîné Simon devint le chef politique de la révolte tandis que Judas, surnommé « Maccabée », en fut le chef militaire. Les opérations, souvent menées de nuit, eurent un certain succès. Judas tua dans une embuscade Apollonius accompagné d'un contingent païen et samaritain, et repoussa une armée de secours à la montée de Beth-Horon.

A ces nouvelles, Antiochus IV décida l'extermination des Juifs rebelles. Partant en Perse lever des impôts, il laissa Lysias comme régent avec mission d'organiser cette extermination. Nicanor, ami du roi, secondé par Gorgias, fut envoyé à la tête d'une armée de 20 000 hommes. Judas rassembla ses troupes à Mizpa. Profitant de l'absence de Gorgias et des soldats d'élite de son armée, il attaqua et détruisit le camp de l'armée séleucide à Emmaüs (165) (*1 M* 3, 38-4, 27 ; *2 M* 8, 1-29).

Cette défaite de l'armée syrienne fut suivie d'une intense activité diplomatique. Les révoltés demandèrent à Lysias que leur soit reconnu le droit de vivre selon leur Loi et recherchèrent l'appui des légats romains Quintus Memmius et Titus Manilius. L'intervention romaine explique le ton relativement conciliant des lettres de Lysias, d'Antiochus et des légats romains, rapportées en *2 M* 11, 13-38. Judas Maccabée profita de ce répit pour réoccuper Jérusalem. Tenant en respect la garnison de la citadelle, il purifia le temple et l'inaugura le 25 *Kislev* (*c.* 14 décembre 164). L'anniversaire de cette « fête de la Dédicace » *(Hanukâh)* fut désormais célébré chaque année (*1 M* 4, 36-61).

A la mort de son père, Antiochus V Eupator (164/163-162) confirma le droit des Juifs à vivre selon leur Loi (*2 M* 11, 22-26). Judas fortifia le temple et la forteresse de Bethsour à la frontière avec l'Idumée (*1 M* 4, 60 s.). Puis, à l'appel d'Israélites persécutés, il entreprit des raids victorieux en Idumée, en

Akrabatène, chez les Baïanites et les Ammonites. Simon conduisit bientôt une expédition en Galilée jusque sous les murs d'Akko, tandis que Judas allait en Galaaditide jusqu'à Bosra. Les Israélites de ces deux régions furent ramenés à Jérusalem pour assurer leur sécurité. Pendant ce temps, l'armée syrienne de Gorgias mettait en déroute un corps expéditionnaire juif aux portes de Jamnia. Judas partit ensuite en guerre contre l'Idumée, s'empara d'Hébron et de sa région, puis de Marisa. Il attaqua aussi les villes de la plaine philistine avec un raid sur Azôt (= Ashdod). Le siège de la citadelle de Jérusalem (*1 M* 6, 18 ss.) acheva de montrer que le but de l'activité militaire de Judas n'était pas seulement la défense du droit des Juifs à vivre selon leur Loi, mais bien l'affermissement de son pouvoir politique personnel.

Face à cette révolte politique, Lysias, régent durant la minorité du jeune roi Antiochus V, intervint de façon massive (163). Accompagné du jeune roi, il attaqua la Judée par le sud, assiégea Bethsour et se porta au-devant de l'armée juive de Judas. Malgré l'héroïsme d'Eléazar, le frère de Judas, l'armée juive fut défaite ; Bethsour fut bientôt obligé de se rendre et Lysias assiégea le temple fortifié de Jérusalem. Les Juifs ne durent leur salut qu'à des rivalités parmi les Syriens. En effet, Philippe, ancien régent et tuteur d'Antiochus V, cherchait à prendre le pouvoir à Antioche. Lysias et Antiochus V se hâtèrent de conclure la paix avec les révoltés en leur permettant de vivre selon leur Loi. Ayant démoli les fortifications de la Jérusalem juive, Lysias et Antiochus s'emparèrent d'Antioche où Philippe avait réussi à s'installer. De plus, Antiochus V fit exécuter le grand-prêtre prohelléniste Ménélas à Bérée (*1 M* 6).

Pendant ce temps, Démétrius, fils de Séleucus IV, gardé en otage à Rome, réussissait à s'échapper. Il fit exécuter Lysias et Antiochus et devint roi sous le nom de Démétrius Ier Sôter (161-150). Alkime, nommé probablement grand-prêtre par Antiochus V après l'exécution de Ménélas, fit appel au roi contre Judas. Démétrius Ier envoya Bacchidès, ami du roi et gouverneur de Transeuphratène, soutenir Alkime. Après une tentative de conciliation (*1 M* 7, 10 ss.), Bacchidès rompit les négociations en faisant exécuter les délégués. Il quitta bientôt la Judée, laissant Alkime soutenu par une armée. Celui-ci ne put résister à Judas et à ses troupes : il revint à Antioche demander le soutien de Démétrius Ier. Le roi renvoya son général Nicanor avec une armée importante. Malgré une embuscade près de Kepharsalama, Nicanor entra dans Jérusalem et menaça de mettre le feu au temple si Judas ne se rendait pas. Nicanor étant sorti de Jérusalem pour attendre des renforts près de Beth-Horon, Judas défit l'armée séleucide et tua son général. Les Juifs célébrèrent l'anniversaire de cette victoire appelé « jour de Nicanor » (13 *Adar* 161).

A la suite de cette victoire, une ambassade juive à Rome conclut un traité d'alliance et les Romains écrivirent à Démétrius de cesser une guerre contre un ami des Romains (*1 M* 8). Cette lettre arriva trop tard. A la nouvelle de la défaite de Nicanor, Démétrius avait aussitôt renvoyé Alkime avec une armée dirigée par Bacchidès. Après avoir réoccupé Jérusalem, Bacchidès se mit à rechercher Judas dans la région de « Béérzeth avec 20 000 fantassins et 2 000 cavaliers ». A l'approche de cette armée, beaucoup de maquisards juifs se dispersèrent et Judas se retrouva avec 800 hommes. Refusant la fuite, il trouva la mort dans un combat désespéré (avril-mai 160) (*1 M* 9).

Dès lors, Bacchidès contrôla d'autant plus facilement le pays que celui-ci était frappé par la famine. Tout en pourchassant les derniers partisans de Judas, il rétablit les notables pro-hellénistes à la tête du pays et fortifia la plupart des villes, spécialement les villes de garnison : Bethsour, Gazara (= Gézer) et la Citadelle ; puis, croyant le pays pacifié, il retourna à Antioche. Les révoltés se rassemblèrent autour du frère de Judas Maccabée,

Jonatan (160-142), et se réfugièrent dans le désert de Juda, à l'est de Tékoé (= Teqô'a).

Vers le mois de mai 159, Alkime mourut après avoir commencé à démolir l'enceinte du temple marquant le lieu saint interdit aux étrangers. Devant la recrudescence de la résistance maccabéenne, les pro-hellénistes firent, à nouveau, appel à Bacchidès. Celui-ci revint en 157, mais échoua devant la forteresse de Bethbasi où s'étaient retranchés les révoltés. Découragé, il accepta alors la trêve offerte par Jonatan et retourna à Antioche. Profitant de cette trêve, Jonatan s'installa à Makhmas, environ 12 km au nord-est de Jérusalem, d'où il reprit peu à peu le contrôle de toute la judée.

En 153/152, à l'occasion de la guerre civile opposant Démétrius Ier à son rival Alexandre Balas, les deux parties essayèrent d'obtenir l'appui de Jonatan. Celui-ci choisit le parti d'Alexandre Balas, qui le nomma grand-prêtre de Jérusalem (octobre 152). Démétrius mourut peu après (150). En octobre 150, Balas vint à Ptolémaïs (= Akko) épouser Cléopâtre, la fille du roi d'Egypte Ptolémée VI Philométor (180-145). A cette occasion, il confirma à Jonatan son titre de grand-prêtre et l'institua même gouverneur civil et militaire (*stratégos* et *méridarque*) de la Judée.

En 147, Démétrius, fils de Démétrius Ier et futur Démétrius II Nicator, chercha à reconquérir le trône de son père avec l'appui d'Apollonius gouverneur de Coelé-Syrie. Ce dernier résolut de supprimer d'abord Jonatan, allié de Balas. L'armée d'Apollonius fut défaite entre Joppé et Azôt ; Jonatan pilla Azôt et son temple de Dagon, puis reçut la soumission d'Ascalon. Pour le récompenser de cette victoire, Balas céda à Jonatan Akkarôn (= Eqrôn) et son territoire (*1 M* 10). Cependant l'incapacité de Balas était telle qu'il se mit à dos son beau-père Ptolémée VI. Ce dernier lui retira sa fille Cléopâtre et la donna à son rival Démétrius II Nicator. Balas fut battu et assassiné, tandis que son beau-père mourait des suites du combat (145).

Profitant de ces troubles, Jonatan assiégea la citadelle de Jérusalem. Dénoncé auprès de Démétrius II, il n'hésita pas à le rencontrer à Ptolémaïs et se fit confirmer comme grand-prêtre, tandis que la Judée obtenait une remise d'impôts, et que lui étaient rattachés les trois nomes d'Apharama, Lydda et Ramathayim détachés de la Samaritide (ce qui doublait pratiquement la superficie de la Judée !).

Démétrius II fit bientôt appel à Jonatan pour rétablir l'ordre à Antioche même, menacé par les partisans d'Antiochus fils d'Alexandre Balas et le général Tryphon. Au prix de divers massacres, les 3 000 hommes envoyés par Jonatan réprimèrent l'insurrection, mais, quelque temps après, Tryphon faisait couronner le jeune Antiochus VI et pénétrait dans Antioche. Il confirma aussitôt Jonatan dans sa charge de grand-prêtre et dans la possession des nomes promis par Démétrius II et nomma son frère Simon *stratégos* de la côte phénico-philistine. A la tête des troupes séleucides de Coelé-Syrie, Jonatan s'empressa de prendre possession d'Ascalon et de Gaza puis défit une armée syrienne soutenant Démétrius en Galilée, dans la plaine d'Asor (= Hazor) (*1 M* 11). Portant son armée jusqu'au pays de Ḥamat, il se rendit maître de toute la Coelé-Syrie, battant les Arabes zabadéens et contrôlant Damas, tandis que Simon installait une garnison juive à Joppé et qu'on fortifiait Jérusalem et plusieurs villes de Judée. Tout en poursuivant cette activité militaire, Jonatan envoya des ambassades à Rome et à Sparte pour renforcer ses appuis extérieurs (*1 M* 12).

Tryphon craignit que la Coelé-Syrie n'échappât bientôt à son contrôle. Ayant rencontré Jonatan à Beth-Shéan, il le convainquit de continuer les pourparlers à Ptolémaïs qu'il promettait de lui remettre. A Ptolémaïs, Tryphon fit arrêter Jonatan et massacrer sa garde. A cette nouvelle, Simon se fait désigner comme chef de Jérusalem qu'il achève de fortifier. Ayant chassé les habitants de Joppé pour en faire une ville juive, il attend Tryphon dans la plaine, à Adida. Prétendant que l'arrestation de Jonatan vient du fait qu'il n'a pas payé l'argent dû au trésor royal, Tryphon se fait remettre 100 talents d'argent et les deux fils du grand-prêtre emprisonné en échange d'une promesse de libération qu'il ne tient pas. Au contraire, contournant la Judée, il s'efforce d'atteindre Jérusalem par le sud, mais la présence des troupes de Simon et le mauvais temps lui font abandonner ce projet. Avant de repartir vers Antioche, il tue Jonatan à Baskama (peut-être Beth-Shiqma, Tell es-Semak-Shiqmonah).

Après avoir enterré Jonatan à Modîn et y avoir élevé un magnifique monument, Simon se rangea du côté de Démétrius en échange d'une remise totale des impôts. Ce dernier, qui avait bien besoin d'appuis, acquiesça aux demandes de Simon et le peuple commença à dater les actes et les contrats de « l'an 1 de Simon grand-prêtre, stratège et chef des Juifs » (mai 142) (*1 M* 13, 42). Après vingt-cinq ans de luttes pratiquement ininterrompues, le peuple juif retrouvait son indépendance politique.

Le pays avait été dévasté par les diverses armées syriennes et les raids maccabéens. Bien plus, les nécessités de la guerre et de l'unité nationale autour des Maccabées, chefs militaires, avaient fait passer quelque peu au second plan les soucis du respect de la Loi et de la tradition israélite à l'origine de la révolte. Bien que ralliés aux Maccabées, les « Assidéens » ou « fidèles » juifs n'avaient pas hésité, à l'occasion (cf. *1 M* 7, 12 ss.), à se démarquer de la politique personnelle des Maccabées. Le titre de « grand-prêtre », puis de « roi », qu'allaient bientôt assumer les Hasmonéens ne descendant ni de Sadoq, ni de David, n'allait pas tarder à provoquer des réactions divergentes au sein du groupe des Assidéens. De leur côté, en essayant d'échapper aux rigueurs des décrets anti-israélites d'Antiochus IV, les Samaritains s'étaient coupés des Juifs à un moment crucial. Dès lors, ceux-ci les considérèrent comme des « collaborateurs » pro-hellénistes compromis avec la civilisation païenne.

Chapitre IX

LA RENAISSANCE ET LA FIN DU ROYAUME HÉBREU (142 avant - 70 après notre ère)

I. — La dynastie hasmonéenne alliée de Rome (142-63)

Simon ne prit pas le titre de « roi » mais de « grand-prêtre » *(archiéreus)*, « chef militaire » *(stratégos)* et « chef politique » *(hègouménos)*. Dès sa reconnaissance par Démétrius, il envoya des ambassades à Rome et à Sparte pour faire reconnaître son triple titre et renouveler les alliances traditionnelles. Par le sénatus-consulte obtenu en réponse, les Romains reconnurent officiellement les Juifs comme leurs alliés et amis, et s'engagèrent à soutenir diplomatiquement l'autorité de Simon dans toute la Diaspora, spécialement en Egypte (*1 M* 14, 16-24 ; 15, 15-24).

Bénéficiant de ces appuis extérieurs, Simon convoqua les autorités religieuses et politiques du pays en une grande assemblée extraordinaire (140). Celle-ci le reconnut comme grand-prêtre, stratège et ethnarque « à perpétuité jusqu'à ce que se lève un prophète fidèle » (*1 M* 14, 41.47). Cette clause ambiguë impliquait la fondation d'une dynastie, mais d'une dynastie « provisoire ».

Après avoir éliminé les dernières traces du pouvoir séleucide en s'emparant des garnisons de Gazara et de la citadelle (141), l'ethnarcat de Simon (142-134) fut généralement pacifique (*1 M* 14, 4 ss.).

Il se termina tragiquement. Le gendre de Simon, Ptolémée, fils d'Aboubas, stratège de la plaine de Jéricho, l'assassina traîtreusement dans la forteresse de Dôk et fit prisonnier ses deux fils, Mattathias et Judas. Cette tentative de coup d'Etat pro-séleucide échoua : le troisième fils de Simon, Jean, alors à Gézer, réussit à échapper à ses assassins et se fit proclamer grand-prêtre et ethnarque à Jérusalem (134) (*1 M* 16, 11-22 ; *AJ*, XIII, 228 ss.).

Les débuts de l'ethnarcat de Jean Hyrcan (134-104) furent difficiles. Ptolémée réussit à s'enfuir à Philadelphie, non sans avoir supprimé les deux frères et la mère de son rival. Antiochus VII se hâta d'intervenir militairement et mit le siège devant Jérusalem. Le Séleucide fit comprendre qu'il respecterait la religion juive ; Jean Hyrcan, menacé par la famine, accepta de se rendre contre un tribut de 500 talents d'argent, et le démantèlement des murailles de Jérusalem (*c.* 132). Ces conditions relativement douces, dues en partie à l'action diplomatique des Romains (*AJ*, XIII, 236 ss. ; XIV, 247 ss.), ménageaient l'avenir. Ayant récupéré une partie du trésor de la tombe de David, Hyrcan, probablement le premier Hasmonéen à frapper monnaie, paya le tribut promis et engagea même des mercenaires pour accompagner Antiochus VII dans sa campagne contre les Parthes.

Jean Hyrcan profite bientôt des rivalités internes entre les Séleucides pour s'emparer de Médaba et du territoire moabite. Il se tourne ensuite contre l'Idumée, s'empare d'Adora et de Marisa (112/1) et ne permet aux habitants de rester que s'ils se font circoncire et observent la Loi juive (*AJ*, XIII, 254-258). Enfin, il attaque la Samarie, s'empare de Sichem, détruit le temple du mont Garizim (111), environ deux siècles après sa construction, et assiège la capitale. Les Samaritains affamés font appel à Antiochus IX qui, battu une première fois près de Scythopolis (= Beth-Shéan), revient avec les soldats égyptiens de Ptolémée Lathyre (116-107). Ce retour n'aboutit à aucun résultat décisif. Scythopolis et la vallée d'Esdrelon sont occupées par les troupes juives. Après un siège d'un an, Jean Hyrcan s'empare de Samarie qu'il rase complètement. Après celle du temple du mont Garizim, la destruction systématique de Samarie marque la rupture définitive des Juifs et des Samaritains qui se considèrent désormais comme des ennemis héréditaires.

La date du schisme samaritain, IVe-IIe siècle *(supra)*, permet de comprendre pourquoi les Samaritains ne considèrent que le *Pentateuque* comme écriture canonique. En effet, c'est la défense des livres sacrés contre les mesures d'hellénisation qui incita les Juifs à préciser les livres considérés comme écriture sainte, caractéristiques de la tradition nationale. L'inclusion du livre de *Daniel* justifiant la révolte maccabéenne s'explique probablement dans ce contexte historique. Cette liste des livres sacrés à protéger contre les persécuteurs et comprenant la Loi, les Prophètes et les autres écrits, devint le bien commun des divers mouvements (ou « sectes ») juifs postérieurs : Pharisiens, Sadducéens et Esséniens.

L'origine exacte et l'orientation précise de chacun de ces mouvements restent obscures et discutées, cependant ils semblent se rattacher aux Assidéens *(Ḥasidîm)*, Juifs fidèles à la Loi qui soutinrent la révolte des Maccabées. Lorsque ceux-ci orientèrent leur activité militaire vers l'affirmation d'un pouvoir politique personnel, les Assidéens se démarquèrent de cette orientation politique pour se contenter de garanties au sujet de la liberté religieuse et du respect de la Loi (*1 M* 7, 13 s). Bien plus, la nomination de Jonatan comme grand-prêtre (152) suscita une certaine opposition des Assidéens, car Jonatan n'était pas un prêtre sadocide. Lorsque Balas confirma cette nomination à Ptolémaïs en 150, les partisans d'un sacerdoce sadocide s'opposèrent de plus en plus ouvertement aux Hasmonéens. C'est probablement pour faire taire cette opposition que Simon convoqua la Grande Assemblée de 140. En effet, en réaffirmant plusieurs fois l'autorité de Simon sur les prêtres et sur l'administration du sanctuaire (*1 M* 14, 41 ss.) et en présentant le sacerdoce hasmonéen comme provisoire, le texte du décret final laisse entendre que l'autorité de Simon était contestée par un groupe composé essentiellement de prêtres partisans d'un grand-prêtre sadocide. Bien que ces indices laissent beaucoup d'aspects dans l'obscurité, les Assidéens semblent donc s'être divisés en deux :

— un courant plus traditionaliste est resté partisan d'un grand-prêtre de lignée sadocide ;
— un courant plus attaché à l'observance de la Loi qu'à un problème de descendance sacerdotale accepta le sacerdoce « provisoire » de Simon et se *sépara* des autres Assidéens, d'où, peut-être, le nom de « Pharisiens » (*perûshîm*, « séparés ») donné à ce groupe.

Jonatan et Simon s'étaient appuyés sur ces Pharisiens dont les leaders étaient surtout des notables laïcs versés dans l'étude de la Loi et tenant compte de la jurisprudence *(halâkhâh)*, c'est-à-dire de la « tradition des Anciens » non écrite dans la Loi. Cependant, les Pharisiens critiquèrent le sacerdoce de Jean Hyrcan sous prétexte que sa mère aurait été captive et s'opposèrent à la prétention à la royauté d'un non-davidide. Cette position pharisienne rencontra un certain écho dans le peuple et suscita une révolte que Jean Hyrcan réprima durement (*AJ*, XIII, 291-298). Le roi se rallia, dès lors, aux positions des « Sadducéens », vraisemblablement des Assidéens sadocides pour lesquels le temps et les nécessités des affaires avaient suffi à légitimer le sacerdoce hasmonéen. Cependant tous les Assidéens sadocides ne se rallièrent pas à Jean Hyrcan ; les intransigeants qui refusèrent le ralliement formèrent le groupe des « Esséniens » qui s'organisa dans une opposition durable, le premier Essénien mentionné par Josèphe étant Judas l'Essénien sous Aristobule Ier (*AJ*, XIII, 311-313).

La fin pacifique du règne de Jean Hyrcan fut propice au lancement de grands travaux publics, en particulier au relèvement des murailles de Jérusalem détruites par Antiochus VII. A la mort d'Hyrcan, en 104, son fils aîné Judas, appelé aussi Aristobule, se fit proclamer « roi ». Il ne régna qu'un an. Il fit emprisonner la plupart de ses frères ainsi que sa mère, qui mourut en prison, et assassiner son frère Antigone au retour d'une campagne militaire en Galilée. Sous son règne, la Galilée centrale et l'Iturée furent rattachées au royaume hasmonéen et leurs habitants soumis à la circoncision et à la Loi juive.

A la mort d'Aristobule Ier, sa femme Salomé libère ses trois frères emprisonnés, se remarie probablement avec le plus âgé en vertu de la Loi du lévirat et, par là, lui confère la royauté. Alexandre

Jannée (103-76) supprime d'abord l'un de ses frères qui revendique la royauté, tandis qu'il laisse la vie au dernier vivant à l'écart des affaires. Il conduit son pays avec une poigne de fer, réprimant sévèrement les révoltes intérieures soutenues par le mouvement pharisien, qui semble avoir appuyé les révoltes des paysans contre le poids des taxes royales. D'après les bulles, il portait le double titre de « roi » et de « grand-prêtre » *(khn gdl)*. Plus à l'aise à la tête d'une armée en campagne que dans le service liturgique du temple, il engagea une armée de mercenaires, en partie Pisidiens et Ciliciens, et se lança dans plusieurs guerres où il connut heurs et malheurs.

Il chercha d'abord à s'emparer de Ptolémaïs qui fit appel à Ptolémée Lathyre. Celui-ci débarqua de Chypre et Jannée dut lever le siège. Peu après, Ptolémée Lathyre s'emparaît d'Asochis en Galilée, puis de Scythopolis, et battait Jannée sur les bords du Jourdain, à Asophon (= Zaphôn). Ayant fait appel à Cléopâtre qui obligea Ptolémée Lathyre à se retirer à Chypre (*c.* 102), Jannée se retrouve bientôt maître du terrain. Il se tourne alors vers le pays de Galaad et s'empare de Gadara et d'Amathonte, mais Théodore, fils de Zénon, le surprend et récupère tous ses biens après avoir tué 10 000 Juifs. Jannée attaque alors la côte philistine, s'empare de Raphia et pousse jusqu'à Rhinocolure (El-ʿArish) ; puis il remonte la côte et s'empare d'Anthédon. Ayant ainsi isolé Gaza, il s'en empare après un siège d'un an et massacre une partie de ses habitants (*c.* 96).

Ce succès extérieur ne le réconcilie pas avec les Pharisiens. Bien au contraire, ceux-ci mettent en doute la légitimité de son sacerdoce et la foule le conspue le jour de la fête des Tabernacles. En représailles, le roi fait massacrer environ 6 000 personnes.

Il se tourne alors, à nouveau, vers la Transjordanie, fait démolir Amathonte et soumet la Galaaditide et le pays de Moab. Il est défait par Obodas Ier, roi nabatéen, qui lui tend une embuscade au moment où il attaque le plateau du Golân. A la suite de cette défaite, Moab et Galaad passent sous le contrôle des Nabatéens.

Ce désastre renforce l'opposition intérieure (Pharisiens et, probablement, Esséniens) : révoltes et massacres se succèdent pendant six ans (*c.* 93-88) faisant environ 50 000 morts. Lorsque le roi se décide à négocier avec les Pharisiens, ceux-ci refusent toute discussion et font appel au roi séleucide Démétrius III (95-88) qui bat Jannée près de Sichem. Cependant les 6 000 Juifs de l'armée de Démétrius l'abandonnent bientôt et ce dernier se hâte de regagner la Syrie. Jannée écrase alors les révoltés et s'empare de leurs chefs réfugiés dans Béméselis (= Misilya, au sud de Jenîn ?). 800 d'entre eux, ramenés enchaînés à Jérusalem, sont crucifiés au cours d'un banquet, tandis qu'on égorge sous leurs yeux leurs femmes et leurs enfants. Terrifiés, environ 8 000 opposants s'enfuient en exil (peut-être à Damas) et y restent jusqu'à la mort du roi. Dès lors, il n'est plus fait mention d'opposition intérieure à Jannée !

Lors de la campagne d'Antiochus XII (87-84) contre les Nabatéens, Jannée essaie vainement de s'opposer au passage des armées séleucides dans la plaine en construisant une ligne de défense entre Kephar-Saba et Joppé. Mais Antiochus XII est défait et tué au sud de la mer Morte et Arétas II prend le pouvoir à Damas. Le roi nabatéen marche bientôt contre la Judée et bat Jannée près d'Adida ; l'Hasmonéen demande la paix, mais, quelque temps après, il marche, à nouveau, sur la Transjordanie et s'empare de la Décapole et du Golân (Gamala) (*c.* 83-80).

Ainsi, vers la fin du règne d'Alexandre Jannée, le royaume hasmonéen comprend la Judée, l'Idumée, la plaine philistine et celle du Sharon, la Samarie, la Galilée jusqu'au mont Thabor, le plateau du Golân, la Galaaditide et la Moabitide. Dans tous les territoires conquis, le roi a imposé la circoncision et la Loi juive, mesure qui ne va pas sans provoquer certaines révoltes locales comme à Pella. Pour assurer la sécurité de son royaume face aux Nabatéens, Jannée fait bâtir deux forteresses redoutables : l'Alexandréion, face à la Galaaditide, et Machéronte, face à la Moabitide. Les trois dernières années du règne sont marquées par la maladie du roi qui meurt, en 76, lors du siège de Ragaba dans le territoire de Gérasa (= Jérash).

A la mort d'Alexandre Jannée, sa femme Alexandra assume le pouvoir politique (76-67) et confie la charge de grand-prêtre à son fils aîné Hyrcan (Hyrcan II). Elle se réconcilie avec les Pharisiens auxquels elle laisse l'orientation de la politique intérieure. Les prisonniers sont libérés, les exilés reviennent et désormais la jurisprudence pharisienne acquiert force de loi. En effet, le Sénat ou Conseil des Anciens *(gérousia)*, présidé par le grand-prêtre, était surtout composé jusqu'alors de prêtres et de riches notables du parti sadducéen. Alexandra y fait entrer un grand nombre de scribes et de docteurs de la Loi du parti pharisien avec, à leur tête, Siméon ben Shétaḥ. A l'extérieur, Alexandra pratique une politique de « paix armée » : une expédition en Syrie, sous la conduite d'Aristobule, suffit à intimider Ptolémée, fils de Mennaios qui menaçait Damas et les riches présents offerts à Tigrane, assiégeant Ptolémaïs avec 300 000 hommes, suffisent pour l'apaiser, d'autant qu'il a bientôt à affronter les Romains.

Bien qu'Hyrcan II ait été désigné comme roi par Alexandra juste avant sa mort, son frère Aristobule l'attaque et le défait près de Jéricho. Réfugié dans la forteresse du Temple, Hyrcan ne tarde pas à faire la paix avec son frère : Aritobule II sera roi

(67-63), tandis que lui, Hyrcan, se contentera du titre de « frère du roi ». Mais l'homme fort du parti d'Hyrcan, le gouverneur de l'Idumée Antipater, n'accepte pas cet accord. Il entraîne Hyrcan à Pétra auprès de son ami Arétas III qui lui confie une armée. A la tête de cette armée, il défait Aristobule qui s'enferme dans Jérusalem : « Il y aurait même été capturé sans l'intervention, juste à ce moment, du général romain Scaurus qui fit lever le siège » (*BJ.*, I, 127). Arétas se retire alors à Philadelphie et Aristobule peut battre les partisans d'Hyrcan à Papyron.

Lorsque Pompée arrive à Damas (printemps 63), chacun des deux frères essaie de le gagner à sa cause. Hyrcan et Antipater l'emportent. Après diverses péripéties, Pompée fait prisonnier Aristobule et, aidé par les partisans d'Hyrcan, assiège les derniers partisans d'Aristobule retranchés dans le temple de Jérusalem. L'assaut est donné au troisième mois du siège (automne 63) et Pompée pénètre dans le Saint des Saints. Hyrcan est rétabli dans ses fonctions de grand-prêtre et d'ethnarque mais la Judée doit payer un tribut. La Décapole, la Samarie et les villes de la côte sont rattachées à la province romaine de Syrie sous la responsabilité de Scaurus. Pompée se retire, emmenant prisonniers à Rome Aristobule et sa famille. C'en est fini de l'indépendance du royaume hasmonéen.

Le règne d'Alexandra est resté dans la tradition juive postérieure comme une sorte d'âge d'Or, probablement parce que les Pharisiens y faisaient la Loi, mais aussi parce que ce fut une époque de paix et de prospérité économique dans un royaume juif au maximum de son expansion. Cet âge d'Or fut de courte durée, car les généraux romains se rapprochaient de la Judée. Face à cette puissance, le royaume hasmonéen manquait d'unité politique.

L'expansion militaire hasmonéenne et la judaïsation forcée ne pouvaient faire disparaître l'hétérogénéité des diverses provinces : les villes de la côte et celles de la Décapole se sentaient plus hellénistes que juives ; l'Idumée ne pouvait effacer son enracinement édomite et la Galilée sa proximité culturelle avec la Phénicie ; quant aux Samaritains, pourtant en majorité authentiquement israélites, leur haine des Juifs rendait leur attachement au royaume hasmonéen plus que douteux.

La population de la Judée elle-même était très marquée par la division en trois grands partis dont aucun n'acceptait vraiment la dynastie hasmonéenne, comme le montre l'ambassade des délégués du peuple auprès de Pompée (*AJ*, XIV, 41). L'histoire de la dynastie hasmonéenne pourrait presque s'écrire comme l'alternance au pouvoir des Pharisiens (sous Jonatan, Simon, au début de Jean Hyrcan, sous Alexandra et Hyrcan II) et des Sadducéens (majeure partie du règne de Jean Hyrcan, Aristobule Ier, Alexandre Jannée, Aristobule II), tandis que les Esséniens, rejetés dans une opposition durable, se repliaient sur leurs communautés fortement organisées et leurs méditations religieuses eschatologiques. Les fouilles et les manuscrits de Qoumrân près de la mer Morte permettent aujourd'hui de mieux saisir la vie concrète de ces communautés esséniennes et leur activité intellectuelle. Les Pharisiens, qui furent le plus longtemps au pouvoir, semblent avoir bénéficié d'un appui populaire indéniable : avec leur connaissance de la Loi et l'importance de leurs écoles, surtout dans les villages, ils jouissaient d'un prestige considérable auprès du peuple frappé par leur vie simple et intègre. Les Sadducéens, recrutés surtout dans les milieux sacerdotaux, parmi les notables et les cadres de l'armée, représentaient une classe sociale plus aisée dont la richesse compensait, en partie, la faiblesse numérique. Puissants à Jérusalem, leur influence semble être restée assez faible dans les campagnes.

L'époque hasmonéenne fut aussi marquée par la renaissance de la littérature hébraïque. Si l'enseignement hébreu des Pharisiens de cette époque semble avoir été essentiellement oral et si nous ne savons presque rien de celui des Sadducéens, en revanche, les Manuscrits de la mer Morte ont confirmé l'importance des œuvres littéraires, hébraïques ou araméennes, d'origine essénienne : *Hénoch*, *Jubilés*, *Testaments des Patriarches*, *Visions d'Amram*, *Règles de la communauté et de la congrégation*, *Document de Damas*, *Bénédictions*, *Hymnes*, *Pesharîm* (commentaires bibliques), *Rouleau de la guerre*, *Rouleau du Temple*... Par ailleurs, la royauté hasmonéenne fut à l'origine d'œuvres historiques comme les *Annales* perdues du pontificat de Jean Hyrcan et le *1er livre des Maccabées* qui ne nous est parvenu que dans une traduction grecque.

Le dynamisme de la Judée pendant la période hasmonéenne ne doit pas faire oublier l'importance des Juifs de la Diaspora. La liste des destinataires de la lettre du consul Lucien Métellus au grand-prêtre Simon permet de dresser un tableau géographique assez complet de la Diaspora en 142 (*1 M* 15, 22 s.). Cette liste montre clairement qu'il y a des communautés juives dans presque tout le bassin oriental de la Méditerranée.

Outre la Mésopotamie et l'Asie mineure, une communauté très importante est installée en Egypte. Alexandrie pourrait avoir eu alors une communauté juive d'environ 100 000 membres. Le prêtre sadocide Onias IV reçut de Ptolémée VI Philométor l'autorisation de construire un temple juif à Léontopolis (*AJ*, XIII, 62-63). Cette autorisation s'explique probablement parce que ce temple devait servir à la colonie militaire juive de Léontopolis dont Onias était le chef religieux. Lorsque les armées égyptiennes interviennent en Palestine contre Ptolémée Lathyre *(supra)*, elles sont commandées par deux généraux juifs : Chelkias et Ananias, et ce dernier déconseille à Cléopâtre d'attaquer Alexandre Jannée (*AJ*, XIII, 348-355). Cet exemple montre les liens unissant les Juifs d'Egypte à ceux de Palestine. Les liens culturels sont confirmés par la traduction et l'adaptation d'œuvres hébraïques rédigées en Palestine comme le *Siracide* et le *1er livre des Maccabées*.

L'exemple d'Onias montre aussi que l'Egypte avait particulièrement accueilli des Juifs sadocides (cf. aussi *Si* 51, 12 *i*) ; aussi n'est-il pas étonnant que les Esséniens aient pu être rapprochés des Thérapeutes d'Egypte décrits par Philon d'Alexandrie au début de notre ère.

II. — La dynastie hasmonéenne soumise à Rome (63-37)

A la suite de la prise de Jérusalem par Pompée, la Judée allait être rattachée à l'Empire romain pendant près de quatre siècles. Hyrcan II, ethnarque et grand-prêtre (63-40), n'a plus droit au titre de roi, ce qui correspond d'ailleurs à l'idéologie des Pharisiens qui le soutiennent. Soumis au contrôle du gouverneur romain de Syrie Scaurus, Hyrcan et Antipater lui envoient des vivres lors de la guerre contre les Nabatéens et Antipater sert même d'intermédiaire au moment de la signature du traité de paix (*BJ*, I, 159). Cependant Aristobule et ses fils ne cessent d'essayer de faire valoir leurs droits sur la Palestine.

En 57, Alexandre, le fils d'Aristobule, échappé lors du transfert à Rome, rassemble 10 000 fantassins et 1 500 cavaliers et menace Jérusalem. Gabinius, nouveau gouverneur de Syrie, envoie son lieutenant Marc-Antoine, le futur triumvir. Celui-ci défait Alexandre près de Jérusalem. Réfugié dans l'Alexandréion, Alexandre doit bientôt se rendre. Gabinius fait raser l'Alexandréion, Hyrcania et Machéronte. Hyrcan est rétabli comme grand-prêtre à Jérusalem, mais il semble perdre sa qualité d'ethnarque et son pouvoir politique. Les Juifs, gouvernés par le Sanhédrin de Jérusalem, sont divisés en cinq circonscriptions judiciaires : Jérusalem, Gadara (ou Gazara ou Adora), Amathonte, Jéricho et Sepphoris (*BJ*, I, 169 s.). En 56, Aristobule et son fils, échappés de Rome, essaient de soulever la Judée, mais ils sont battus par les Romains et renvoyés prisonniers à Rome. En 55, nouvel essai d'Alexandre, vite réprimé par Gabinius.

Pendant ce temps, Antipater ne manque pas une occasion de se rendre utile à Gabinius, spécialement lors de son expédition en Egypte en 56/55. En récompense, Gabinius lui donne le titre d'*épimélètès*, « intendant » ou « administrateur », de la Judée. En 54, Gabinius est remplacé par Crassus qui s'empare du trésor du temple de Jérusalem et meurt dans une guerre contre les Parthes (53). Il est remplacé par Cassius (53-51) qui réprime un nouveau soulèvement d'Aristobule sous la direction de Peitholaos bientôt exécuté à l'instigation d'Antipater.

En 49 éclate la guerre civile entre César et Pompée. César veut se servir d'Aristobule pour reconquérir la Syrie, mais les partisans de Pompée le suppriment, ainsi que son fils Alexandre. Après la bataille de Pharsale et la mort de Pompée (48), Hyrcan II et Antipater se rallient à César. Bien plus, Antipater soutient militairement et diplomatiquement la campagne de Mithridate, allié de César, en Egypte (48/47). Il dirige un corps auxiliaire juif, obtient l'appui des Arabes et des princes de Syrie et rallie les garnisons juives du « territoire d'Onias » à l'est du Delta. En récompense, César confirme à Hyrcan II son titre de grand-prêtre et lui rend celui d'ethnarque ; il donne à Antipater la citoyenneté romaine avec exemption d'impôts, le titre de procurateur *(épitropos)* de la Judée et la permission de rebâtir les murailles de Jérusalem. Les décrets officiels confirmant ces droits (47-44) montrent que Joppé et les villes de la plaine sont, à nouveau, rattachées à Hyrcan II (*AJ*, XIV, 191-212).

Antipater nomme bientôt son fils aîné Phasaél stratège de Jérusalem et son fils cadet Hérode stratège de Galilée. Le succès d'Hérode en Galilée excite la jalousie d'Hyrcan II et de l'aristocratie : Hérode est sommé de se justifier devant le sanhédrin. Appuyé par le gouverneur de Syrie Sextus César, et à la suite d'une intervention ambiguë du leader pharisien Saméas (Shemayah ?), Hérode est acquitté. Sextus César le nomme stratège de Coelé-Syrie et de Samarie (*BJ*, I, 213) (47/46).

Après le meurtre de César (15 mars 44), Antipater et Hérode se rallient au gouverneur de Syrie, Caecilius Bassus, ex-partisan de Pompée. Celui-ci s'empresse de demander un tribut de 700 talents qu'Antipater répartit entre les notables du royaume. Son fils Hérode s'acquitte sur-le-champ de son tribut de 100 talents ; par contre, comme Malichus, chargé de la région de Gophna, Emmaüs, Lydda et Thamna tarde à verser le tribut, Cassius commence à marcher sur ce district, mais Antipater le prévient par un versement de 100 talents. Antipater lui-même tombe victime de la jalousie de Malichus qui l'empoisonne. Hérode, appuyé par Cassius qui l'avait nommé « intendant » de Syrie, venge son père en faisant assassiner Malichus près de Tyr (43).

Le départ de Cassius de Syrie (42) entraîne une série de troubles à la faveur desquels Antigone, fils d'Aristobule, essaie en vain de rentrer en scène, tandis que le tyran de Tyr, Marion, s'empare d'une partie de la Galilée. En 42, à la suite de la victoire d'Antoine et Octave à Philippe, plusieurs délégations juives viennent se plaindre auprès d'Antoine des deux fils d'Antipater. En réponse, Antoine nomme Phasaél et Hérode tétrarques chargés de l'administration de la Judée.

En 40, les Parthes envahissent la Syrie-Palestine et soutiennent Antigone comme prétendant au trône de Judée ; les deux partis s'affrontent dans Jérusalem. Le général parthe invite alors Phasaél et Hérode à se rendre auprès de son chef le satrape Barzapharnès pour faire la paix. Hérode refuse, mais Phasaél accepte avec Hyrcan II : ils sont bientôt tous les deux emprisonnés par les Parthes. A cette nouvelle, Hérode met sa famille en sécurité à Massada et va chercher du renfort à Pétra. Les Parthes s'emparent de Jérusalem. Phasaél se suicide et Hyrcan II est emmené prisonnier en Parthyène après qu'Antigone lui ait déchiré l'oreille pour l'empêcher d'exercer à nouveau la fonction de grand-prêtre. Devenu roi et grand-prêtre, comme l'indiquent les monnaies, Antigone ne jouit pas longtemps de son titre (40-37). En effet, mal reçu par le roi nabatéen Malchos, Hérode rejoint Alexandrie d'où il s'embarque pour Rome. Il y est très bien reçu par Antoine et Octave qui avaient autrefois bénéficié de l'appui d'Antipater. Heureux de s'opposer à Antigone installé par les Parthes, ils font proclamer, par le Sénat, Hérode roi de Judée.

Avec l'appui de l'armée romaine qui avait battu les Parthes, Hérode reprend pied en Palestine, s'empare de Joppé, délivre sa famille à Massada, mais, mal soutenu par le général romain Silo, doit abandonner l'attaque de Jérusalem. Pendant l'hiver, maître de la côte, de l'Idumée et de la Samarie, il achève de prendre le contrôle de la Galilée en pourchassant les bandes de brigands ou de maquisards. Comme le général romain Machaeras a une attitude très ambiguë, Hérode rencontre Antoine à Samosate et celui-ci donne des instructions précises à Sossius gouverneur de Syrie. Pendant l'absence d'Hérode, la situation de ses partisans empire : le frère d'Hérode, Joseph, est tué dans une embuscade près de Jéricho, la Galilée se révolte et des notables partisans d'Hérode sont noyés dans le lac de Gennésaret. Renforcé par les deux légions de Sossius, Hérode contrôle bientôt la Galilée et Jéricho et défait les partisans d'Antigone près l'Isana. Au printemps 37, il met le siège devant Jérusalem. Après un siège de cinq mois, les troupes d'Hérode et les légions de Sossius s'emparent de Jérusalem. Antigone se rend à Sossius. Ce dernier, sur la demande d'Hérode qui le charge de cadeaux, se retire et fait décapiter Antigone. Avec cette exécution se termine le règne du dernier Hasmonéen (37).

III. — La dynastie hérodienne et l'Empire romain (37 avant - 66 après notre ère)

1. Hérode le Grand (40-37-4 avant notre ère). — Très bon général, ne reculant devant aucun obstacle, n'hésitant pas à se montrer cruel, Hérode comprit qu'il ne pouvait devenir et rester roi que s'il gardait l'appui des Romains et l'amitié de leurs chefs.

Hérode s'efforça d'abord de consolider son pouvoir (*c.* 37-25). Ayant éliminé Antigone, il fit exécuter 45 notables de son parti, probablement des Sadducéens membres du Sanhédrin. Il fit revenir Hyrcan II de Babylone. Ce dernier ne pouvant plus exercer le souverain pontificat, Hérode nomma grand-prêtre Ananel (37-36, puis 34 ss.), un prêtre probablement sadocide venant de Babylonie. Cependant les Hasmonéens, auxquels Hérode s'était allié en épousant Mariamme fille d'Alexandra et petite-fille d'Hyrcan II, poussèrent le jeune Aristobule III, frère de Mariamme : Hérode le nomma grand-prêtre à l'âge de 17 ans (35). Quelque temps après, le jugeant trop populaire, il le fit noyer dans une piscine près de Jéricho. S'appuyant sur Cléopâtre d'Egypte, Alexandra obtient alors qu'Hérode soit convoqué devant Antoine. Appuyé par des présents, Hérode réussit à se justifier. A son retour, il fait exécuter son beau-frère Joseph et emprisonner Alexandra. Cléopâtre obtient alors d'Antoine la région de Jéricho et un tribut des Nabatéens. Comme ceux-ci cessent bientôt de payer le tribut, Cléopâtre exige d'Hérode qu'il leur déclare la guerre. Cette guerre judéo-nabatéenne est contemporaine d'un tremblement de terre qui fait environ 30 000 morts (printemps 31), puis de la victoire d'Actium (2 septembre 31), dans laquelle Octave l'emporte définitivement sur Antoine. Ayant vaincu les Nabatéens, Hérode se hâte d'aller à la rencontre d'Octave, non sans avoir auparavant éliminé le vieil Hyrcan II. A Rhodes, Octave-Auguste confirme la royauté d'Hérode (printemps 30). Bien plus, après le suicide d'Antoine en Egypte, Auguste restitue à Hérode la région de Jéricho à laquelle il ajoute Gadara, Hippus et Samarie ainsi que Gaza, Anthédon, Joppé et la tour de Straton. Peu après, à la suite de vrais ou prétendus complots, Hérode fait exécuter sa femme Mariamme (29), puis la mère de sa femme, Alexandra (*c.* 28). A part une fille d'Antigone, qui épousera plus tard Antipater un des fils d'Hérode, il n'y a plus de descendant hasmonéen capable d'inquiéter le pouvoir hérodien.

Utilisant la technologie romaine, Hérode se lance alors dans de grands travaux de construction (*c.* 25-13) qui sont une des gloires de son règne ; l'archéologie révèle la solidité et la beauté de ses bâtisses. Il construisit d'abord un théâtre et un amphithéâtre à Jérusalem, mais ces constructions païennes entraînèrent des réactions négatives de la part des Juifs traditionnels. Hérode entreprit alors de rebâtir le Temple (*c.* 20/19), dont il fit un des plus grands et plus beaux monuments de cette époque.

La forteresse du Temple fut restaurée avec luxe et appelée Antonia, tandis qu'il baptisa les deux parties de son palais de la ville haute : Césareum et Agrippeum. Il restaura les murailles et bâtit trois grosses tours fortifiées : Hippicus, Phasaël et Mariamme. Il fonda et rebâtit de nombreuses autres villes : Sébaste (Samarie), Panéion, près des sources du Jourdain, Césarée (tour de Straton), Agrippium (Anthédon), Antipatris (Apheq), Phasaélis (au nord de Jéricho), ainsi que de nombreuses forteresses : Cypros, Hérodium, Massada, Alexandréion, Hyrcania, Machéronte. Son pays lui semblait trop petit et il éleva des monuments publics dans plusieurs villes de la côte méditerranéenne, à Tripoli, Ptolémaïs, Byblos, Béryte, Tyr, Sidon, Laodicée, Ascalon, ainsi que dans les îles (Cos, Rhodes), sans compter Damas, Antioche, Athènes et Sparte.

S'inspirant de la culture de son temps, Hérode s'entoura d'hellénistes renommés, en particulier de Nicolas de Damas, à la fois professeur, ami et conseiller, dont l'œuvre historique à la louange d'Hérode ne comprit pas moins de 144 livres abondamment utilisés par Flavius Josèphe. Vers le tournant de notre ère, trois langues étaient d'ailleurs couramment utilisées en Palestine : l'hébreu, l'araméen et le grec, sans compter le latin utilisé pour quelques documents officiels et dans l'armée. Hérode tint à ce que ses deux fils aient une culture gréco-romaine et les envoya faire leurs études à Rome. Le sommet du règne d'Hérode fut sans doute la visite d'Auguste en Syrie (20) ; l'empereur lui confirma la possession du plateau du Golân et des sources du Jourdain, tandis qu'il confiait à Phréroras, cadet d'Hérode, la tétrarchie de Pérée.

Si Hérode semble avoir été personnellement plus tenté par la culture gréco-romaine que par le judaïsme, en habile politique, il s'efforçait de ne pas trop heurter de front les convictions des Juifs traditionnels. Il respecta les leaders pharisiens (Pollion et Saméas) et semble même avoir favorisé les Esséniens, en particulier leur chef Menaḥem. Il exempta ces deux partis du serment de loyauté à sa personne (*AJ*, XV, 370 s.). Cependant Hérode mit fin au pontificat à vie, déjà plusieurs fois mis en cause sous les Séleucides. Après Ananel, le sacerdoce suprême est assumé par Jésus ben Phiabi Ier. En 22, Hérode, qui veut épouser la fille de Simon fils de Boéthus, nomme celui-ci grand-prêtre (22-25) (*AJ*, XV, 320 ss.). Originaire d'Alexandrie, la famille de Boéthus joua un rôle important à la tête des Sadducéens si bien que la tradition rabbinique semble parfois employer le terme Boéthusiens à la place de Sadducéens.

En ce qui concerne l'administration financière du royaume, les cadeaux à verser aux Romains, particulièrement à Antoine, et les grands travaux publics entraînèrent rapidement une pression fiscale à la limite du supportable : d'après *AJ*, XVII, 318 ss., un revenu annuel d'environ 900 talents pour une population d'environ 1-1,5 million d'habitants. Pour éviter l'éclatement de révoltes, Hérode allégea les impôts d'un tiers en 20 et d'un quart en 14 (*AJ*, XV, 365 ; XVI, 64). Au début du règne, en plus du tremblement de terre de 31, le pays eut à subir plusieurs famines, en particulier en 25/24, ces famines étant le plus souvent liées à l'année sabbatique qui revenait tous les sept ans et pendant laquelle la Loi juive interdisait de cultiver la terre. Dans cette situation économique difficile, Hérode usa de son influence et de son argent pour faire venir du blé d'Egypte et organiser les secours pour les plus démunis ; cette action efficace lui valut un regain de popularité (*AJ*, XV, 299-316).

Hérode usa de son influence auprès d'Auguste pour défendre les droits des Juifs de la Diaspora et faire confirmer les privilèges accordés par les Lagides et les Séleucides. Dans ce but, son ami et conseiller Nicolas de Damas constitua un dossier des divers documents officiels concernant les droits des Juifs de la Diaspora, spécialement en Asie Mineure et dans les îles ioniennes (*AJ*, XII, 125 ss. ; XIV, 213 ss. ; XVI, 27 ss., 160 ss.). Parmi ces droits, figurait non seulement celui de vivre selon la Loi juive, mais encore celui d'envoyer des offrandes pour le Temple, le vol de ces offrandes comme celui des livres sacrés étant considéré officiellement comme un sacrilège et puni comme tel. C'est vers cette époque que se développe le prosélytisme juif entraînant, en retour, celui de l'antijudaïsme, deux mouvements qui s'affronteront plusieurs fois au cours du Ier siècle de notre ère. Estimée à plusieurs millions, la Diaspora juive joua un rôle non négligeable dans l'économie et la culture de l'Empire romain.

Les dernières années d'Hérode (*c.* 13-4) furent marquées par des intrigues domestiques en vue de la succession. Antipater, fils du premier mariage d'Hérode avec Doris, s'efforça d'éliminer les deux fils de Mariamme : Alexandre et Aristobule. Ces deux derniers furent finalement exécutés (c. 7) ; mais Antipater fut bientôt arrêté, lui aussi, et exécuté cinq jours seulement avant la mort d'Hérode (4 avant notre ère).

2. La succession d'Hérode (4 avant - 41 après notre ère). — Pendant que divers troubles agitaient le royaume, à l'exception de la Samarie, à quelques modifications près, le testament d'Hérode fut confirmé par Auguste.

Le royaume d'Hérode fut donc essentiellement divisé en trois tétrarchies.

A) *Philippe tétrarque de Batanée, Trachonitide et Auranitide (4 avant - 34 après notre ère).* — La population de cette tétrarchie était très mélangée et comprenait aussi bien des Syriens et des Grecs que des Juifs. Le règne généralement pacifique de Philippe fut marqué par la reconstruction de deux villes : Césarée de Philippe (Panias) et Julias (Bethsaïda), l'une à la source du Jourdain, l'autre à son débouché dans le lac de Gennésaret. A la mort de Philippe, sa tétrarchie fut rattachée à la Syrie (34-37), puis donnée par Caligula à Hérode Agrippa Ier *(infra)*.

B) *Hérode Antipas tétrarque de Galilée et de Pérée (4 avant - 39 après notre ère).* — Les deux parties du territoire d'Hérode Antipas étaient beaucoup plus riches que le royaume de Philippe, mais les Galiléens étaient prompts à se révolter et la Pérée menacée par les Nabatéens. Pour parer ce dernier danger, Antipas épousa la fille du roi nabatéen Arétas. Le début du règne fut marqué par la construction de Sepphoris, Livias, appelée aussi Julias (= Betharamphta), et surtout de la ville hellénistique de Tibériade.

Les dix dernières années du règne d'Antipas furent marquées par son remariage avec Hérodiade fille d'Aristobule, petite-fille d'Hérode le Grand et belle-mère, par Salomé sa fille, du tétrarque Philippe. A la suite de ce remariage, l'hostilité de son premier beau-père finit par se changer en guerre ouverte (36) : Arétas défit Antipas. Ce dernier en appela à Tibère mais sans grand succès, le gouverneur de Syrie Vitellius étant très réticent à soutenir Antipas. Lorsque Hérode Agrippa Ier, le frère d'Hérodiade, reçut l'ancienne tétrarchie de Philippe (37), Antipas essaya de se faire donner le titre de « roi » par Caligula. Mal lui en prit : Caligula le déposa et l'exila à *Lugdunum* (*Convenarum* ? = Saint-Bertrand-de-Comminges ?), avec Hérodiade, tandis qu'il donnait sa tétrarchie à Agrippa Ier (40).

L'agitation de la Galilée et de la Pérée durant le règne d'Hérode provoqua l'apparition de trois nouveaux mouvements juifs :

a) *Les Zélotes*. — A la mort d'Hérode, Judas, fils du « brigand » Ezéchias qu'Hérode avait fait exécuter, prit la tête de la révolte armée des Galiléens après s'être emparé des armes du palais royal de Sepphoris. Un peu plus tard, appuyé par le pharisien Sadoq, Judas le Galiléen dirigea la révolte contre le recensement de Quirinius *(infra)*. Ces partisans de la révolte armée contre les Romains furent appelés « Zélotes », car ils considéraient Dieu comme leur « seul chef et maître » (*AJ*, XVIII, 23). Il jouèrent un rôle politique important sous les procurateurs et surtout lors de la guerre juive de 66-74.

b) *Les Baptistes*. — Vers l'an 27 (?) se développa un mouvement animé par la prédication de Jean, surnommé le Baptiste, car il manifestait la conversion spirituelle par le rite de plongée dans l'eau. Ce mouvement se développa surtout en Pérée et l'excitation des foules fit craindre à Antipas le début d'une révolte. Par précaution, mais peut-être aussi parce que le Baptiste avait ouvertement critiqué son remariage, Antipas le fit enfermer puis exécuter dans la forteresse de Machéronte (*AJ*, XVIII, 116 ss.). Une partie des Baptistes semble s'être alors ralliée à Jésus de Nazareth.

c) *Les Nazôréens.* — A peu près à la même époque que Jean le Baptiste, parut en Galilée un prédicateur appelé Jésus de Nazareth, auteur de prodiges qui excitaient les foules. Informé, Antipas se montra curieux et soupçonneux ; le bruit courut bientôt qu'il cherchait à le faire mourir (*Luc* 13, 31). Acclamé comme le Messie par ses disciples, Jésus se rendit à Jérusalem où il fut arrêté, interrogé par des grands-prêtres membres du Sanhédrin et crucifié sur ordre du procurateur romain Pontius Pilatus. Cependant ses disciples ne cessèrent de proclamer à son sujet qu'il leur apparut le troisième jour de sa mort, vivant à nouveau (*AJ*, XVIII, 63 s.). Ils formèrent le parti ou mouvement des « Nazôréens » (*Actes* 24, 5).

C) *Archélaüs ethnarque de Judée, Samarie et Idumée (4 avant - 6 après notre ère).* — A son retour de Rome, Archélaüs essaya d'imiter Hérode le Grand : il déposa le grand-prêtre Yôazar fils de Boéthus et nomma, à sa place, son frère Eléazar, bientôt remplacé par Jésus fils de Séé. Il reconstruisit le palais royal de Jéricho et fonda, un peu plus au nord, une ville appelée Archélaïs. Son attitude tyrannique provoqua l'envoi d'une délégation de Juifs et de Samaritains à Rome. Auguste convoqua Archélaüs à Rome et l'exila à Vienne, en Gaule.

D) *La Judée, la Samarie et l'Idumée sous les préfets romains (6-41 après notre ère).* — Les Romains administrèrent directement la Judée, la Samarie et l'Idumée par leur « préfet ». Celui-ci résidait habituellement à Césarée, mais venait à

Jérusalem au moment des fêtes. Pour maintenir l'ordre, il disposait d'une troupe d'auxiliaires recrutés parmi les habitants de la plaine du Sharon et de la Samarie, les Juifs proprement dits étant exemptés de servir dans l'armée romaine. Outre la charge de chef militaire, le préfet exerçait la fonction judiciaire, avec *ius gladii*, et dirigeait l'administration financière.

Une des premières tâches du premier préfet Coponius fut d'organiser un recensement sous l'autorité de Quirinius légat de Syrie. Ce recensement rencontra une forte résistance populaire et provoqua la révolte de Judas le Galiléen *(supra)*. La Judée fut divisée en toparchies : Jérusalem, Gophna, Akrabatta, Thamna, Lydda, Emmaüs, Pellé, Hérodium, Jéricho, auxquelles on peut ajouter l'Idumée et Engaddi. Ces toparchies semblent avoir eu pour but de faciliter la collecte des impôts, dont certains étaient perçus directement par l'administration romaine, tandis que d'autres, tels les droits de douane, étaient affermés à des « publicains ».

Le préfet n'abolit point les institutions locales et le Sanhédrin, présidé par le grand-prêtre, continua à légiférer et à juger les Juifs, sauf ceux qui étaient citoyens romains. Les grands-prêtres, nommés par le préfet ou le légat de Syrie, appartenaient à l'une des quatre grandes familles : Phiabi, Boéthus, Anne ou Kamith ; ainsi Anne (6-15), Ishmaël ben Phiabi Ier (*c.* 15-16), Eléazar fils d'Anne (*c.* 16-17), Simon fils de Kamith (*c.* 17-18), Joseph Caïphe gendre d'Anne (*c.* 18-37), Jonatan fils d'Anne (37), Théophile fils d'Anne (*c.* 37-41). Outre le grand-prêtre, le Sanhédrin était composé de 70 membres : les uns appartenaient aux familles des grands-prêtres, en majorité sadducéennes, d'autres étaient de riches notables, d'autres enfin des docteurs de la Loi, en majorité pharisiens.

Les préfets se succédèrent à intervalles irréguliers : Coponius (*c.* 6-9), Marcus Ambibulus (*c.* 9-

12), Annius Rufus (*c.* 12-15), Valerius Gratus (*c.* 15-26), Pontius Pilatus (*c.* 26-36), Marcellus (36/37 ?), Marullus (37-41). Seule la politique de Pontius Pilatus nous est quelque peu connue par les indications de Flavius Josèphe et de Philon, par les *Evangiles* et une inscription trouvée à Césarée. Il prit souvent des mesures maladroites, voire provocantes (affaires des enseignes romaines, de l'utilisation de l'argent du temple pour construire l'aqueduc de Jérusalem, des boucliers dédiés à l'empereur). Finalement, à la suite d'un massacre de Samaritains au pied du mont Garizim et sur une plainte de l'assemblée des Samaritains, le légat de Syrie envoya Pilatus rendre compte de sa conduite à Rome.

Le règne de Caligula (37-41) fut marqué par un changement notable de la politique romaine vis-à-vis des Juifs. En effet, Caligula prit très au sérieux son titre de « divin ». Cette attitude engendra une émeute anti-juive à Alexandrie lors du passage du roi Agrippa (38), car la foule voulut placer des statues de l'empereur dans les synagogues. Malgré une ambassade de Philon à Rome (40), les Juifs d'Alexandrie ne retrouvèrent la tranquillité qu'après la mort de Caligula. Bien plus, Caligula ordonna que sa statue fut placée dans le temple de Jérusalem. Devant les manifestations massives des Juifs, appuyées par une délégation d'Hérode Agrippa, le légat de Syrie Publius Petronius réussit à temporiser jusqu'à la mort de Caligula le 24 janvier 41.

3. **Hérode Agrippa Ier (37-40-41-44).** — Après une vie aventureuse, le fils d'Aristobule et petit-fils d'Hérode, Agrippa, réussit à gagner la faveur de Caligula qui, dès son accession au pouvoir, lui accorda l'ancienne tétrarchie de Philippe (37), puis, un peu après (*c.* 40), la tétrarchie d'Hérode Antipas. Présent à Rome lors de l'assassinat de Caligula, il soutint l'accession au pouvoir de Claude et ce dernier lui accorda la Judée et la Samarie. Hérode Agrippa Ier régna ainsi sur le même territoire que son grand-père Hérode le Grand.

Durant son court règne, Agrippa s'appuya sur les pharisiens et la *Mishnah* rapporte plusieurs incidents témoignant de sa popularité (*Bikkourîm* 3, 4 ; *Sotah* 7, 8). A cette époque, par suite du dynamisme des « Hellénistes », les disciples de Jésus de Nazareth commencèrent à former des communautés dans la Diaspora, spécialement à Damas, sur la côte méditerranéenne et à Antioche. C'est là que, pour la première fois, ils furent appelés « chrétiens » (du grec *Christos*, « Oint, Messie ») (*c.* 39-40 ?) et admirent des païens (*Actes* 11, 19-26). Ce prosélytisme nazôréen et, surtout, l'ouverture aux païens provoquèrent l'opposition croissante des pharisiens. Sous leur pression, Agrippa fit arrêter Pierre et Jacques frère de Jean ; ce dernier fut même exécuté (*Actes* 12, 1 ss.) (43/44).

Agrippa tenta aussi de renforcer les murailles de Jérusalem et de réunir une conférence des princes de la région à Tibériade, mais ces mesures manifestant une velléité d'indépendance furent immédiatement contrecarrées par le gouverneur de Syrie Marsus. Finalement Agrippa mourut à Césarée (44), laissant un fils de 17 ans, le futur Agrippa II. L'empereur Claude plaça la Palestine sous un procurateur romain.

4. Les procurateurs romains (44-66). — L'administration directe de procurateurs qui ne connaissaient rien aux coutumes juives et ne cherchaient souvent qu'à s'enrichir entraîna de nombreuses maladresses et provocations, causes immédiates de révoltes et finalement de la guerre juive.

Cuspius Fadus (44-46 ?) eut ainsi à réprimer la révolte de Theudas qui fut décapité. Son successeur Tiberius Iulius Alexander (46 ? - 48) eut à faire face à une famine et fit exécuter Jacques et Simon fils de Judas le Galiléen, probablement chefs du parti Zélote. Sous Ventidius Cumanus (48 - *c.* 52), émeutes et révoltes se multiplient. Un dernier incident entraîne même l'exil de Cumanus : des pèlerins galiléens ayant été assassinés dans un village de Samarie et Cumanus ne punissant pas les meurtriers, une bande de Zélotes se mit à massacrer plusieurs villages samaritains ; ils furent bientôt arrêtés ou exécutés par les troupes de Cumanus. L'affaire fut portée devant le légat Quadratus qui renvoya les délégués à Rome où, appuyés par le jeune Agrippa, les Juifs obtinrent gain de cause.

Claude nomma alors un de ses favoris, Félix (*c.* 52-60 ?). Ce dernier épousa Drusilla la sœur d'Agrippa, mais fut si maladroit et injuste que sa politique entraîna le développement du parti Zélote. Ayant arrêté leur leader Eléazar par trahison, Félix eut bientôt à faire face aux Sicaires (= « assassins »), Zélotes armés de poignards qui exécutaient leurs compatriotes ralliés aux Romains comme, par exemple, le grand-prêtre Jonatan (*AJ*, XX, 161 ss.). A cette époque parurent plusieurs prophètes rassemblant des foules et leur promettant la liberté, ce qui entraînait la réaction immédiate des Romains. Félix fit ainsi exécuter les partisans de l' « Egyptien » qui voulaient pénétrer dans Jérusalem (*AJ*, XX, 171). Profitant de cette agitation politique, les grands-prêtres s'emparaient des dîmes dues aux simples prêtres, ce qui accentuait encore les tensions sociales.

Félix, rappelé par Néron, fut remplacé par Porcius Festus (60 ? - 62). Il fit transférer à Rome Paul (= Saül), ex-pharisien devenu le leader chrétien le plus actif pour l'admission des païens (*Actes* 25). Félix eut aussi à réprimer une révolte dans le désert. A sa mort (62), le grand-prêtre sadducéen Anne fils d'Anne profita de la vacance du pouvoir pour liquider ses ennemis, en particulier « Jacques frère de Jésus », le chef des Nazôréens de Jérusalem (*AJ*,

XX, 200). Le despotisme d'Anne entraîna l'intervention d'Agrippa II qui le déposa.

Sous le procurateur Albinus (62-64), la situation politique et sociale se détériora encore, Albinus ne songeant qu'à amasser de l'argent. Pour libérer leurs camarades prisonniers, les Sicaires recouraient de plus en plus à la prise d'otages, tandis que les partisans de Jésus fils de Damnée et ceux de Jésus fils de Gamaliel se battaient dans les rues de Jérusalem pour la charge de grand-prêtre. Rappelé à Rome, avant de partir, Albinus vida les prisons. Sous son successeur, Gessius Florus (64-66), la situation empira encore avec la multiplication des pillages. La situation était mûre pour une révolte générale.

Durant cette période (44-46), le pouvoir de nommer et déposer les grands-prêtres avait été attribué à Hérode de Chalcis, petit-fils d'Hérode le Grand (41-48), puis à son neveu Agrippa II (*c.* 50-92/93 ?). Ce dernier céda bientôt ses droits sur le royaume de Chalcis et reçut, en échange, l'ancienne tétrarchie de Philippe légèrement agrandie d'une partie de la Galilée et de la Pérée. Très pacifique, Agrippa II essaya en vain de convaincre les révoltés de Jérusalem de l'inanité de leur révolte. Il participa à la guerre juive aux côtés des Romains, sa sœur Bérénice devenant même, un moment, maîtresse de Titus. Durant toute cette période, les grands-prêtres se succédèrent à un rythme très rapide : Elionaios fils de Kanthéros (vers 44), Joseph fils de Kami, Ananie fils de Nébédée (47-59 ?), Ishmaél ben Phiabi II (*c.* 59-61), Joseph Kabi (61-62), Anne fils d'Anne (62), Jésus fils de Damnée (62-63 ?), Jésus fils de Gamaliel (63 ?-65), Matthias fils de Théophile (65-67).

IV. — La guerre juive (66-74 ?)

En 66, le procurateur Florus prit 17 talents dans le trésor du Temple. Cet incident mineur entraîna une réaction en chaîne, révoltes et représailles, qui aboutit très vite à la guerre. Après avoir essayé de réprimer cette révolte dans le sang, Florus se retira à Césarée, tandis que les insurgés s'emparaient de l'esplanade du Temple. Un essai de conciliation d'Agrippa II fut rejeté par les insurgés qui ne voulaient plus de Florus. A l'instigation d'Eléazar fils du grand-prêtre Ananie, ils s'emparèrent de Massada et firent cesser les sacrifices quotidiens pour l'empereur. C'était la révolte ouverte.

Sous la direction d'Agrippa II et des Hérodiens, des familles des grands-prêtres, spécialement d'Ananie, et des notables pharisiens, les partisans de la paix essayèrent de réduire les révoltés par la force, mais l'armée d'Agrippa II fut battue dans Jérusalem, Ananie assassiné, les palais royaux incendiés et les derniers Romains exécutés de sang-froid (17 *Elul* 66). Le mouvement de révolte se répandit comme une traînée de poudre : beaucoup de villes de Syrie-Palestine virent des affrontements sanglants entre Juifs et Gentils, le parti vainqueur massacrant souvent le parti le plus faible. Les effets de la révolte se firent sentir jusqu'à Alexandrie où plusieurs milliers de Juifs périrent dans les émeutes.

Le gouverneur de Syrie Cestius Gallus vint bientôt attaquer Jérusalem insurgée avec la XIIe légion. Mais, après s'être emparé du faubourg nord, une tentative d'assaut contre le Temple échoua et il préféra se retirer. Sa retraite se changea en déroute lorsqu'il tomba dans une embuscade non loin de Beth-Horon. Cette victoire des insurgés changea la révolte en guerre d'indépendance à laquelle se rallièrent les autorités traditionnelles : grands-prêtres, leaders pharisiens, sadducéens et esséniens. La révolution s'organisa : Joseph ben Gorion et le grand-prêtre Anne furent chargés de la capitale, Jésus ben Sapphias et Eléazar ben Ananias de l'Idumée tandis que Joseph fils de Matthias (= l'historien Flavius Josèphe) devait organiser la Galilée. Les villes et les villages furent fortifiés et la population entraînée au maniement des armes.

A la nouvelle de la défaite de Cestius, Néron confia la tâche de soumettre les révoltés à un général expérimenté, Vespasien. Avec trois légions, celui-ci occupa Sepphoris en Galilée (printemps 67), puis assiégea Josèphe dans Yotpata qui fut prise le 1er *Tammuz*. Peu après, Josèphe se rendait à Vespasien. Ayant fait la jonction avec les troupes d'Agrippa II, Vespasien s'empara de Tibériade et de Tarichée, puis de Gamala et du mont Thabor. A la fin 67, le nord de la Palestine était soumis.

Ces échecs successifs conduisirent à un durcissement de la révolte et même à une guerre civile à Jérusalem où Jean de Gischala et les Zélotes prirent le pouvoir et imposèrent un nouveau grand-prêtre, Pinḥas de Ḥabta, probablement sadocide. Appuyés par un groupe d'Iduméens, les Zélotes liquidèrent les notables et les membres des grandes familles sacerdotales.

Après avoir soumis la Pérée en mars 68, Vespasien occupa Antipatris, Lydda, Jamnia, Emmaüs, traversa la Samarie et redescendit sur Jéricho. Il cessa les opérations militaires à l'annonce de la mort de Néron (9 juin 68), suivie de celle de l'assassinat de Galba (15 janvier 69). Après environ un an de repos, en mai-juin 69, Vespasien reprit les opérations et s'approcha de Jérusalem. A l'exception de la capitale, de l'Hérodium, de Massada et de Machéronte, la Palestine était pratiquement soumise aux Romains. Pendant ce temps, un rival de Jean de Gischala, Simon Bar-Giora, avait réussi à prendre position dans Jérusalem. Comme les armées de l'ouest de l'Empire romain avaient choisi Vitellius comme empereur, celles de l'est se décidèrent pour Vespasien (juillet 69). Celui-ci laissa son fils Titus achever de soumettre la Palestine et, après le meurtre de Vitellius (20 décembre 69), se prépara à faire son entrée dans Rome.

Avant la Pâque 70, Titus commença le siège de Jérusalem. Ses troupes attaquèrent la ville par le nord, s'emparèrent de la première muraille, puis de la seconde. Tandis que Jean de Gischala dirigeait la défense de l'Antonia et du Temple et Simon Bar-Giora celle de la ville haute, Titus renforçait le siège. La famine commença à se faire sentir parmi les assiégés qui opposaient une résistance farouche. Après s'être emparé de l'Antonia, puis avoir brûlé les portes extérieures du Temple (8 *Ab*), Titus attaqua le Temple qui fut complètement ravagé par le feu (10 *Ab* = 28 août 70). Après avoir mis la ville à feu et à sang, les Romains s'emparèrent de la ville haute où s'étaient réfugiés Simon Bar-Giora et Jean de Gischala. La ville fut rasée, sauf les trois tours du palais d'Hérode (Hippicus, Phasaél et Mariamme) et une partie de la muraille. Les habitants qui échappèrent aux massacres furent envoyés aux mines ou réservés pour les combats de gladiateurs.

Titus partit peu après célébrer son triomphe à Rome (71). Il laissa au nouveau gouverneur de Judée, Lucilius Bassus, le soin de réduire les dernières forteresses : Hérodium, Machéronte et Massada. Cette dernière forteresse fut énergiquement défendue par les Sicaires dirigés par Eléazar fils de Yaïr, un descendant de Judas le Galiléen. Lorsque finalement, sous la direction du nouveau gouverneur de Judée Flavius Silva, les troupes romaines donnèrent l'assaut, les derniers défenseurs préférèrent s'entretuer plutôt que de se rendre (avril 74 ?).

La destruction du « second Temple » en 70 marque la fin de l'Etat hébreu à l'époque ancienne. La Judée devint une province romaine distincte de la Syrie, son gouverneur disposant de la Xe légion *(Fretensis)*. Le Sanhédrin fut dissous. Le Temple ayant été détruit, le culte sacrificiel national cessa d'être célébré.

ÉPILOGUE

La chute de Jérusalem en 70 ne marque pas la disparition du peuple hébreu de l'histoire :

— Les Samaritains, en grande partie épargnés par la guerre juive, se maintinrent en Samarie et s'établirent dans de nombreuses villes de la plaine côtière, tandis que le mont Garizim semble avoir continué à jouer le rôle officiel de « lieu saint » samaritain jusqu'en 484 de notre ère. Au nombre de quelques centaines, cette communauté subsiste encore aujourd'hui.

— Les Sadducéens, en partie massacrés lors de la guerre civile, perdirent toute influence après la destruction du Temple qui assurait leur richesse et leur pouvoir politique.

— Les Esséniens, qui avaient pris une part active à la révolte, semblent disparaître après 70. Leur influence continua peut-être à se faire sentir dans la Diaspora (Egypte ?, Asie Mineure ?) où elle a pu marquer certaines communautés chrétiennes.

— La plupart des Zélotes disparurent dans les combats de 66-74 ?. Leurs successeurs se révoltèrent en 132 sous la direction de Bar-Kokhba (= Bar Kosiba), salué comme le Messie par rabbi Aqiba lui-même. Après une résistance farouche, ils furent écrasés par les armées de l'empereur Hadrien (135).

— Les Nazôréens, réfugiés à Pella durant la guerre juive, revinrent peu après à Jérusalem ayant à leur tête des descendants de la famille de Jésus de Nazareth : Simon fils de Clopas et les petits-fils de Jude (*Hist. Eccl.*, III, XI-XX). Assez pauvres, probablement persécutés par les partisans de Bar-Kokhba en 132-135, ces judéo-chrétiens furent peu à peu absorbés dans l'Eglise des pagano-chrétiens, aussi bien en Palestine que dans la Diaspora.

— Les pharisiens se réorganisèrent rapidement après 70. Un disciple de Hillel, Yoḥanan ben Zakkaï, institua une école et un grand conseil à Jamnia près de Jaffa. Ce conseil remplaça pratiquement le Sanhédrin, fixa le canon des livres saints hébreux et réorganisa le judaïsme autour de l'enseignement et de la pratique de la Tôrah. Tant en Palestine que dans la Diaspora, spécialement en Babylonie, le judaïsme postérieur à 70 devint ainsi essentiellement un judaïsme pharisien.

TABLE DES MATIÈRES

Imprimé en France
Imprimerie des Presses Universitaires de France
73, avenue Ronsard, 41100 Vendôme
Octobre 1995 — N° 41 613